Lesehefte für den Literaturunterricht

In neuer Folge herausgegeben von:
Rainer Siegle und Jürgen Wolff

Boy Lornsen

Feuer im Nacken

Ernst Klett Verlag
Stuttgart München Düsseldorf Leipzig

Für Margot, Cornelis und Dirk

Gedruckt auf Papier aus chlorfrei gebleichtem Zellstoff, säurefrei.

1. Auflage 1 9 8 7 6 5 | 2000 99 98 97 96

Alle Drucke dieser Auflage können im Unterricht nebeneinander benutzt werden, sie sind untereinander unverändert. Die letzte Zahl bezeichnet das Jahr dieses Druckes.

Umschlag: Manfred Muraro, Stuttgart.
Fotosatz: Boy Lornsen.
Gesamtherstellung: Wilhelm Röck, Weinsberg.
ISBN 3-12-261820-6

Inhalt

Markus Unschlitt: Die Nacht von Montag auf Dienstag

Ich öffnete den Fensterflügel.

Er knarrte nie, weil ich von Zeit zu Zeit etwas Öl an die eisernen Beschläge tropfte. Der Wind drängte sich gierig durch das offene Rechteck und ließ die Gardine wie eine Flagge auswehen.

Viel fehlt nicht an Windstärke sechs, dachte ich und legte den Sperrhaken in die Öse. Wenn mir das Fenster aus der Hand gezerrt wurde und gegen die Mauerkante prallte, gab es Scherben. Und klirrendes Glas war das letzte, was ich brauchen konnte.

Meine Segelschuhe schurrten leise, als ich auf den Kiesweg sprang. Darum trug ich sie, wenn ich unterwegs war – nachts, meine ich.

Ich mochte, wenn der Wind auf den Telefondrähten pfiff. Es machte mir nichts aus, wenn die Nacht alle Dinge über der Erde in ihren schwarzen Rachen einsog, um sie verwandelt wieder auszuspucken. Unsere Häuser und Steinwälle zerkaute sie zu einem dunklen Brei. Bäume sahen aus wie armschwingende Riesen. Büsche wie krummrückige Gespenster oder Hexenweiber, die kichernd die Köpfe zusammensteckten. Aber nur für solche, die Angst hatten. Und ich hatte keine Angst.

Den erleuchteten Fenstern konnte die Nacht nichts anhaben. Sie schlang nur deren Lichtschein in sich hinein, wie der trockene Schwamm das Wasser.

Im Zimmer nebenan brannte kein Licht.

Das hätte ich auch mit geschlossenen Augen gewußt. Im Schlafzimmer meiner Mutter brannte nie mehr Licht um diese Zeit. Seit einem halben Jahr: Seitdem ich keinen Vater mehr hatte und sie keinen Mann! Als Vater noch lebte, ging sie nicht so zeitig ins Bett. Oft hörte ich ihre gellende Stimme bis in mein Zimmer hinein, wenn die beiden stritten, über Geld. Aber Vater machte sie mundtot mit seinem mächtigen Gelächter.

Vor einem halben Jahr kletterte ich noch nicht nachts aus dem Fenster. Damals erlebte ich mit meinem Vater genug Abenteuer am Tage.

Ich hatte es schon lange herausgefunden: Mutter nahm jeden Abend Schlaftabletten, damit sie schnell und ohne viel Tränen einschlief. Sie hatte Vater geliebt. Nur – warum stritt sie immer mit ihm, als er lebte? Mutter versuchte die Tabletten vor mir zu verheimlichen, schloß ihr Schlafzimmer ab. Sie hätte die leeren Röhrchen besser verstecken müssen. Ich fand sie in unserem Abfalleimer. Und dann wußte ich Bescheid.

Mutter schlief fest – darum brauchte ich mir keine Sorgen zu machen. Ich konnte nachts aus meinem Stubenfenster klettern, so oft ich Lust dazu verspürte, wie ein unruhiger Kater. Wie ein Kater schlich ich auch auf leisen Sohlen durch das Dorf, und ich verriet mich nicht durch heiseres Miauen, wenn ich auf Tour ging. Im Schleichen und Unsichtbarmachen waren wir beide Meister. Und wir kannten alle Wege und Gärten, alle Hecken und Wälle, alle Schuppen und Winkel in Tarrafal. Wir begegneten uns oft, die Tarrafaler Katzen und ich.

Ich drückte den Fensterflügel vorsichtig zu und sicherte ihn vor dem Aufschlagen mit einem Holzpflock, den ich in eine eiserne Krampe am unteren Holzrahmen drückte. So konnte der Wind ihn nicht fassen, und ich kam jederzeit wieder ins Haus.

Warme Unterwäsche hatte ich angezogen, den Wollpullover und meinen alten Fischer-Anorak. An dem konnte ich nichts mehr verderben. Dunkelblaue Hose, dunkelgrüner Pullover, Anorak und Mütze schwarz – Farben, die bei Nacht unsichtbar machen. Ich versuchte, alles zu bedenken. Ich bewegte mich übervorsichtig wie ein kranker Hase.

Das war notwendig. Die Leute in Tarrafal schauten mir mißtrauisch nach, wenn sie mich tagsüber trafen. Die Leute redeten über mich: Diesem Markus Unschlitt ist alles zuzutrauen ...

Sollten sie reden! Sie wußten nichts. Erwischt hatte mich noch keiner – auch Polizist Tackert nicht. Wenn ich unterwegs war, schliefen sie.

Manche taten scheinheilig freundlich. „Markus, wie geht's deiner Mutter? Grüß sie von uns!" Dabei glitzerte die Neugierde in ihren Augen. Sie wußten genau, daß meiner Mutter Grüße gleichgültig waren, daß sie nicht mehr viel redete seit Vaters Tod. „Sie wird schon wieder anders werden, aber das braucht Zeit", sagte Tante Lene Steenkamp mal zu mir. Manche drehten mir den Rücken zu, wenn ich vorbeikam, und dann flüsterten sie über mich. „... früher war er doch ein netter Junge. Was ist in ihn gefahren? Warum schafft er Unruhe im Dorf ... Diese roten Hähne in Sönderups Hausdach ..." Ein paar legten ihre Stirnen in betrübte Dackelfalten. „Er hat seinen Vater verloren ... Das sollte man bedenken ..." Wenn sie sich doch bloß nicht um mich kümmern wollten! Ich kam allein zurecht. Und ich hatte ja noch Sylvie und Tante Lene ...

Ich hatte mir etwas vorgenommen: Ich wollte Peter Sönderup quälen! Er sollte Angst bekommen und unruhige Nächte! Er war schuld am Tod meines Vaters. Ich haßte ihn.

Fast alles stimmte, was die Leute mir zutrauten. Ich redete nicht mit ihnen, tat viel, um mich bei ihnen unbeliebt zu machen. Es gab nur ein paar Ausnahmen.

Ich ließ mich nicht fangen. Niemand sah mich, wenn ich nachts unterwegs war. Und wer nichts gesehen hat, kann nichts beweisen.

Ich drückte mich eng an die Hauswand und horchte auf die Geräusche, die durch die Nacht schwebten. Ich spähte zu Tante Lene hinüber. Ihre Kate zeigte nirgends einen

Lichtschimmer. Merkwürdig oft in letzter Zeit, schien mir. Tante Lene war sonst eine Nachteule. Vielleicht saß sie in der dunklen Wohnstube und redete mit Jeremias, ihrem Papagei. Niemand konnte sagen, wie alt Jeremias war. Er sei schon uralt gewesen, als sie ihn vor zwölf Jahren von den Erben eines Fährkapitäns kaufte, behauptete Tante Lene. Aus der Kapitänszeit stammten wohl auch die Flüche, die Jeremias krächzen konnte, wenn ihm danach war.

Stand Tante Lene am Fenster und beobachtete mich? Zuzutrauen war es ihr. Wußte sie, daß ich nachts aus dem Fenster kletterte? Sie hatte noch nie ein Wort darüber gesagt ... Bewegte sich drüben die Gardine? Einbildung! Bei Nacht mußte man sich zusammennehmen, daß man nicht grundlos zu spinnen anfing.

Gestern abend stand ich in Tante Lenes Hausflur und hörte durch die spaltbreit geöffnete Wohnzimmertür, wie sie mit Jeremias über mich redete. „Der Junge gefällt mir nicht, Jeremias. Wir müssen ihm helfen. Aber wie? Markus verrennt sich in eine Sache, die ihm über den Kopf wachsen kann ..." Tante Lene konnte mir nicht helfen. Ich brauchte keine Hilfe. Meinen Vater konnte doch keiner wieder lebendig machen. Und mit Peter Sönderup würde ich allein fertig! Ich klopfte dann doch an ihre Stubentür, um mir ein Brot mit ihrem berühmt guten Backkäse zu schnorren. Ich bekam, was ich wünschte. Tante Lene war mit den Gedanken weit weg. Sie schaute mich nachdenklich und sorgenvoll an, so als wüßte sie immer noch nicht genau, um was sie sich Sorgen machen müßte. Aber sie stellte keine Fragen. Ich hätte wohl auch keine beantwortet. Das Besondere an Tante Lene Steenkamp war, daß sie mich nie bedrängte, wenn ich nicht antworten wollte. Deshalb brauchte ich bei ihr auch nicht mehr zu lügen, als unbedingt notwendig war. Lene Steenkamp belog ich nur, wenn es gar nicht anders ging. Trotzdem konnte ich immer bei ihr anklopfen. Bei Tag und Nacht.

Tante Lene war eine von den Ausnahmen.

Wann das war, erinnere ich mich nicht mehr. Es verwirrte mich, und ich weiß die seltsamen Worte noch genau, die mein Vater sprach. Er saß dabei auf meinem Bett, preßte die Hand auf eine bestimmte Stelle des Kopfes, als ob er dort Schmerzen verspürte, und sagte stockend: „Du – Markus, wenn – wenn du mich mal nicht mehr hast . . .“ Und dann sprach er nicht weiter, verließ mein Zimmer wie einer auf der Flucht. Ich verstand nicht, was Vater mir sagen wollte. Er war in den Monaten davor so anders gewesen, hatte nicht mehr so laut gelacht, war nicht mehr so oft mit mir unterwegs . . . Geldsorgen! hatte ich gedacht. Und ich glaube immer noch fest, daß das die richtige Erklärung war.

Vater nannte sie auch Tante Lene, er hatte sie ebenso gern gemocht wie ich. Dabei ist Lene Steenkamp nicht mit uns verwandt.

Zwei Minuten nach zehn! Es wurde Zeit!

Ich klemmte mich an unserer südwestlichen Wallecke durch die Fliederbüsche. Dreißig Meter links von mir ließ der Wind die Blätter um die Straßenlaterne tanzen, bevor er sie in die Finsternis scheuchte.

Zuerst überzeugte ich mich, ob die Straße menschenleer war. Dann sprang ich vom Wall herunter.

Ich wählte den etwas längeren Weg an den Bahngleisen entlang um den Südzipfel des Dorfes herum.

Als ich mich durch Sprekkelsens Stacheldrahtzaun zwängte, rauschte gerade der Spätzug zum Festland mit flackernden Lichtern an mir vorüber. Gleich darauf kreischten seine Bremsen. Er wollte wohl noch Reisende aufsammeln, aber es warteten keine auf dem einzigen Bahnsteig. Nur Lukas Prott stand da, hielt mit der einen Hand die rote Mütze fest und gab mit der anderen Grün für die Weiterfahrt. Ich überquerte die Schienen mit ein paar langen Sprüngen, hetzte weiter durch den ausgetrockneten Abzugsgraben und über das Holzgatter in die Pastorenwiese.

Auf diesem ewig langen Handtuch rannte ich, von den Weißdornbüschen gedeckt, bis an das Pastorat, schlich hinter den Bienenstöcken entlang, setzte beim Walnußbaum über Pastors Ostwall, und gleich weiter über die Straße, nachdem ich mich vergewissert hatte, daß sie nach beiden Seiten hin menschenleer war. Dann ging es weiter, quer durch vier zusammengewachsene Gärten, über den Hohlweg der Liebesallee hinweg auf den Museumswall, und dahinter duckte ich mich. Hier konnte ich eine Pause einlegen; ich war nahe an meinem Ziel.

Die Liebesallee hatte ich unbesorgt queren können. Dort zeigte sich niemand um diese Jahreszeit, das wußte ich. Die Badegäste waren ausgeflogen; den Einheimischen standen dort zu viele Pfützen, und den Liebespaaren, die noch im Vormonat in den Büschen nisteten, war es inzwischen zu kalt geworden.

Das alte Museum und Niklas Hageldorns Haus lagen eng aneinander, wie eine doppelte Brotschnitte. Ein schmaler, gepflasterter Hof führte zu ihrer gemeinsamen Südpforte. Nach allen vier Himmelsrichtungen gab es je einen Ein- und Ausgang. Die Nordpforte in der Nähe der Kastanie benutzte ich ab und zu. Die Südpforte war gewöhnlich unpassierbar. Hier stapelte Niklas Hageldorn seine leeren Kartons und Bierkisten.

Ich brachte das letzte Stückchen Weg hinter mich, am Nordwall entlang, dort wo die Brombeeren ihr stacheliges Drahtverhau flochten. Bei Hageldorns Kastanie angekommen, mußte ich zuerst einen heimlichen Rundblick nehmen, um zu sehen, ob die Luft rein war. Ich schob mich, wie immer, auf die Wallkrone hinauf und behutsam zwischen die Heckenrosen. Die Straße durfte kein Leben zeigen; dann erst konnte ich im Geäst von Hageldorns Kastanie verschwinden.

Niemand ließ sich blicken. Autogeräusche waren auch nicht zu vernehmen. Schon wollte ich mich an den untersten Ast klammern und mit Schwung in der Krone untertauchen, da – – – Schritte!

Schritte auf der Straße links hinter meinem Rücken! Ich machte mich flach, kniff die Augen zusammen, ließ die Atemluft langsam und leise zwischen den Lippen hervorstreichen ...

Schwere, bedächtige Schritte. Schritte, die weder schneller noch langsamer wurden, die stur das Tempo beibehielten, wuchtige Schritte. Schritte, die ich kannte, die ich öfter bei Nacht hörte. Ich hatte mir Tempo und Klang eingeprägt.

Ich kannte die Gestalt, das Gesicht zu den Schritten und den Namen auch. Ich wußte, daß ein Riese kam. Aber er bedeutete keine Gefahr für mich. Ich bemerkte ihn immer rechtzeitig – er mich nie. Er konnte keinen schlauen Kater fangen.

Polizist Tackert bog um die Ecke!

Er hielt sich so genau in der Straßenmitte, als hätte er sie vorher mit dem Zollstock ausgemessen und außerdem noch mit einer weißen Linie markiert.

Polizist Tackert streifte das Heckenrosendickicht, das mich verbarg, und auch Hageldorns Kastanie nur mit einem flüchtigen Blick. Er schaute zu Sönderups Haus hinüber und blieb in Höhe der Wohnzimmerfenster stehen. Sah, was ich auch sah: In Peter Sönderups Wohnzimmer geisterte der fahlblaue Schein des Fernsehschirms umher – wie fast an jedem Abend.

Tackert stand da, breitbeinig, den Rücken gegen den Wind gelehnt, die Daumen in seine Seitentaschen gehakt. Der Wind wirbelte die Kastanienblätter über die Straße, und im Licht der Laterne umflatterten sie seine Beine wie riesengroße, braune Motten.

Woran dachte er jetzt gerade? Wollte er kontrollieren, ob wieder ein roter Hahn in Sönderups Hausdach steckte?

Der dritte und letzte rote Hahn setzte sich vor drei Nächten auf das Dach dort drüben, und nun war Schluß damit. Die erste Karte mit einem feuerroten Hahn hatte Peter Sönderup in seinem Ärger vernichtet. Die anderen beiden verwahrte Polizist Tackert in seiner Amtsstube: zwei Pfeile aus trockenem Schilfrohr und zwei Karten mit feuerroten Hähnen bedruckt. Und ich wußte sogar, wo er diese wichtigen Funde barg: in einer langen Pappröhre, und die Pappröhre stand in einem Schrank, in dem auch sein Schlechtwetterumhang hing. Jeden Abend verschloß er den Schrank, zog den Schlüssel ab, verschloß das Amtszimmer, zog auch hier den Schlüssel ab und rüttelte sicherheitshalber noch einmal an der Türklinke. Dann ging er über den Flur in seine Privatwohnung, hängte alle Schlüssel an das Schlüsselbrett neben der Eingangstür.

Er würde staunen, wenn er wüßte, was ich alles wußte! Und noch mehr staunen würde er, wenn er erfuhr, *wer* mich mit diesen geheimen Nachrichten vorsorgte. Aber das erfuhr er bestimmt nicht – da war ich unbesorgt.

Rote Hähne auf Peter Sönderups Hausdach! Seit Wochen waren sie Hauptgesprächsstoff in Tarrafal. In den Stuben, über die Gartenpforten hinweg, an allen Ecken steckten die Leute die Köpfe zusammen und flüsterten. Diese geheimnisvolle Sache ließ sich auseinanderpflücken wie Schafwolle. Jemand haßt Peter Sönderup! Jemand bedroht ihn mit Feuer! Wartet ab, es wird noch ein Unglück geben ...! Peter Sönderup war nicht sehr beliebt in Tarrafal. Und wenn von Haß die Rede war, dachten die Leute an mich.

Vor einem halben Jahr hing mein Vater in Hageldorns Kastanie an dem langen Ast, der auf Peter Sönderups Haustür zeigte – tot! Vater beging Selbstmord.

Viele im Dorf mochten den Riesen Tackert, und ich war einer von ihnen. Tante Lene schätzte ihn auch. Sie winkte ihn oft ins Haus, wenn er gerade vorbeikam, und die beiden redeten eine halbe Stunde miteinander. Einmal, im Winter, als Tante Lene krank war, schaufelte er ihr sogar persönlich den Schnee von Tür und Straße weg. Ich weiß, was ich sage; denn ich habe ihm dabei geholfen.

Polizist Tackert war nicht übel und schon gar kein Eisenfresser, der mit Ordnungsstrafen um sich warf. Ich werde von jetzt an Jumbo sagen – alle Kinder in Tarrafal sagten Jumbo. Sogar Sylvie tat das, wenn sie von ihrem Vater sprach.

Jumbo Tackert war wie ein großer plumper Elefant. Ein Elefant, der seine Säulenbeine sehr behutsam aufsetzte, damit er nur kein kleineres Wesen zertrat.

Seit einigen Monaten ging ich ihm vorsichtig aus dem Weg, spähte immer zuerst in alle Querstraßen hinein, damit ich seinen grünen Frack rechtzeitig genug entdeckte, um mich noch hinter die nächste Wallecke zu drücken.

Ich wollte nicht, daß er mir Fragen stellte. Und ich wollte aus einem besonderen Grund keine Scherereien mit Jumbo. Weil ... Na, gut, weil ich Sylvie Tackert ziemlich gern mochte und sie mich auch. Schließlich war er ihr Vater. Sylvie war nicht groß und plump, sondern schlank und zierlich wie die Porzellantänzerin in Tante Lenes Eckschrank. Wir verabredeten uns öfter. Vor vier Wochen trafen wir uns noch an einem Ort, wohin uns so schnell keiner nachsteigen konnte: auf dem Wasser. Wir segelten, wenn es gerade mit der Flut paßte. Aber die Segelsaison war nun vorbei. Jetzt trafen wir uns am großen Stein.

Sylvie wußte sogar mehr von mir als Tante Lene.

Jumbo legte seinen Quadratkopf in den Nacken und schaute zu Sönderups Wetterhahn hinauf. Diese hochnäsige Krähe zeigte Westwind an. Das wußte ich, auch ohne mir Rat bei dem Vogel zu holen. Einfach so: Der Wind fuhr mir von hinten über den Nacken und blies etwas schräg auf Sönderups Haus zu: Westwind! Die Himmelsrichtungen konnte ich fast ohne hinzuschauen angeben; sie waren wichtig beim Segeln.

Der Wetterhahn hatte dringend ein paar Tropfen Öl nötig. Er quietschte erbärmlich, wenn eine Windbö ihn faßte und tanzen ließ. Das hätte Sönderup gleich mitbesorgen können – vor Wochen, als er verzweifelt seinen Protzhahn suchen mußte, ihn endlich wiederfand und von neuem auf sein Dach montierte.

In Tarrafal ging herum, ich, Markus Unschlitt, hätte den Wetterhahn von Sönderups Dach gepflückt aus purer Bosheit. Sie hatten recht! Nur tat ich es nicht aus Bosheit – aus Rache tat ich es! Sollten sie reden, das scherte mich nicht. Ich habe nichts gegen Wetterhähne. Aber ich wußte, wie irrsinnig stolz Peter Sönderup auf seinen Goldhahn war.

Damit konnte ich ihn treffen!

Ich fing es recht intelligent an, meinte ich. Die Nacht, die ich wählte, war nicht so pechschwarz wie heute. Darum setzte ich die Zeit auf zwei Uhr morgens an. Um diese Stunde konnte ich sicher sein, daß auch die letzten Badegäste ihre Betten gefunden hatten. Bis zwölf Uhr geisterten sie immer noch auf den Straßen und am Kliff herum, atmeten die gute Luft auf Vorrat ein. Manchmal stocherten ihre Autoscheinwerfer noch später durch die Nacht; dann kehrten sie aus Lokalen zurück. Ich hielt mich mit Lesen wach, bis der kleine Zeiger der Uhr – viel zu langsam – auf die Zwei vorrückte. Schraubenzieher, Schraubenschlüssel, Kneifzange, Eisensäge, ein kleines Brecheisen – das alles hatte ich gleich nach dem Abendbrot in einen Lappen gewickelt und zu einem handlichen Paket verschnürt, das ich mir über die Schulter hängen wollte. Werkzeug brauchte ich; denn ich wußte nicht, was ich auf dem Dach vorfinden würde. Um das hohe, möglicherweise glitschige Dach zu ersteigen, war mir rechtzeitig eine brauchbare Idee eingefallen: Ich erinnerte mich, daß auf unserem Dachboden, in einer Kiste, noch ein Paar Sportschuhe meines Vaters aufbewahrt wurden. Spikes mit drei kräftigen, spitzen Eisendornen in der Sohle; die konnte ich als Steigeisen benutzen. Vater war ein guter Sportler gewesen. Das hatten mir andere Leute erzählt. Zwar waren diese Schuhe mir etwas zu groß, doch bei den Diensten, die sie mir leisten sollten, kam es nicht auf den guten Sitz an. Endlich war es soweit. Ich drückte mich vorsichtig um die Wallecken. Lange Umwege machte ich in dieser Nacht nicht. Die Straßen waren still und glatt wie kleine, stromlose Wasserläufe. In der Allee verschränkten die Bäume ihre Äste zu einem hohen Gewölbe. Kein Fenster zeigte noch Licht. Für Menschen und Hunde war es nicht die richtige Zeit. Für mich und die Katzen war die Stunde passend. Ob andere wohl zusammenzuckten und schauderten, als sei ihnen ein kalter Lappen über den Nacken gefahren, wenn gelbglühende Augen zwischen den Heckenrosen auftauchten und schnelle Schatten an ihren Füßen vorbeiwischten? Für andere mochten das unliebsame Begegnungen sein. Für mich waren die Katzen gute alte Bekannte. Große Schwierigkeiten ergaben sich bei meinem Vorhaben nicht; alles wickelte sich viel glatter ab, als ich es mir ausgemalt hatte. Nicht einmal eine Leiter benötigte ich. Über einen Ast des Birnbaums im Hintergarten kletterte ich auf die Dachschräge, preßte die ganze Länge meines Körpers an das Reet, zögerte einen Moment und stemmte mich dann mit meinen provisorischen Steigeisen langsam und vorsichtig an den Dachfirst heran. Die eisernen Dornen drangen mühelos in das festgelagerte Reet ein und gaben mir sicheren Halt. Auf dieser Seite, der Ostseite des Daches, wuchs kein Moos. So konnte ich nicht ausrutschen und keine Moosfladen abreißen, die bei Tageslicht meinen Kletterweg verraten hätten. Es sollte ein Rätsel bleiben, auf welche geheimnisvolle Weise der Goldhahn von Sönderups Dach verschwand. Oben angekommen, streckte ich zuerst den Kopf bis zur Augenhöhe über den First: kein Mensch, kein Hund, kein Auto zu sehen! Ich schob ein Bein auf die andere Dachseite und suchte mir einen Platz im Reitsitz zwischen den Holzpflöcken, die die Firstsoden hielten. Die Konstruktion des Wetterhahns war einfach.

Ich hätte mir das Werkzeug sparen können; aber das konnte ich nicht voraussehen. Nicht mal eingerostete Bolzen brauchte ich zu lösen. Eine T-förmige Eisenkonstruktion aus dünnem Rohr trug auf einer Seite einen Richtungspfeil, auf der anderen den Hahn. Das T-Rohr drehte sich auf einem zweiten Rohr von etwas geringerem Durchmesser, vermutlich auf zwei Stahlkugeln. Wie das untere Rohr im Dach verankert war, konnte ich nicht feststellen; es war auch nicht wichtig. Von ihm spreizten sich die vier Himmelsrichtungen ab, wie Speichen von einer Radnabe, mit dem Unterschied, daß sie kein Rad, sondern vergoldete Metallbuchstaben an ihren Enden trugen. Ein prächtiges Ding, wirklich! Ich brauchte nur Hahn und Pfeil mitsamt dem T vom unteren Rohr abzuziehen. Schon streckte ich meine Hände aus – verdammt! Gegenüber, fast zum Greifen nahe, wurden in Hageldorns Hausgiebel zwei Fenster hell. Der Schreck kam so unerwartet, daß ich mich mit beiden Händen am Wetterhahnschaft festklammerte. Drüben bewegte sich ein Schatten hinter der Gardine, kam näher, nein – blieb stehen ... Wollte der alte Knabe etwa noch um diese Nachtzeit die Nase aus dem Fenster stecken? Das fehlte noch! Was nun? Er bückte sich, richtete sich wieder auf, blieb auf der Stelle stehen, schaukelte etwas hin und her ... Und dann lachte ich los! Ich erriet, was Niklas Hageldorn dort drüben tat: Er pinkelte! Pinkelte in einen Nachttopf. Leute wie Hageldorn leben immer noch mit einem Nachttopf unter dem Bett. Er hätte sein Geschäft gern eine halbe Stunde verschieben dürfen. Dann hätte er mir einen Schreck und ein paar ungewisse Minuten erspart. Die Fenster wurden wieder dunkel. Ich zog den Hahn aus seiner Halterung heraus und drückte ihn mit der Pfeilspitze ins Dach, um mich mit dem Kranz der Himmelsrichtungen zu beschäftigen. Mit der Eisensäge abschneiden? Nein, das nahm zuviel Zeit in Anspruch, und mit der Zeit mußte ich sparsam umgehen, denn ich hatte noch mehr zu erledigen.

Ich fand heraus, daß sich das Gerüst der Himmelsrichtungen mit einiger Anstrengung drehen ließ. Als ich den letzten Handgriff getan hatte, war Norden – Süden, Osten – Westen, Westen – Osten und Süden – Norden. Ich glitt mit meiner Beute schnell die Dachschräge hinunter. Die gut erledigte Aufgabe verlieh mir den nötigen Schwung. Wohin jetzt mit dem Hahn? Wegwerfen? Eingraben? Ins Wasser versenken? Sonstwo verstecken? Die richtige Idee fiel mir auf dem Nachhauseweg ein: auf ein anderes Hausdach setzen! Und Hannah Postels Dach war der richtige Platz für Sönderups Wetterhahn. Die beiden waren sich spinnefeind, und Hannah Postel war die geschwätzigste alte Elster in Tarrafal. Die Überraschung, die ich ihr bereiten wollte, würde ihre Schwatzmühle lange Zeit in Bewegung halten. Hannahs Haus lag nur wenig abseits von meinem Heimweg. Das Dach war besonders tief herabgezogen und leicht über eine Regentonne zu erreichen. Vielleicht bewahrten die hohen Ulmen, die das Haus wie eine Schildwache umstanden, den Hahn ein paar Tage vor der Entdeckung. Das erhöhte die Spannung. Diesen letzten Teil meiner Aufgabe schaffte ich gerade noch rechtzeitig; denn als ich über unseren Wall kletterte, kroch im Osten schon der erste rosa Schimmer über den Eisenbahndamm. Vier volle Tage dauerte es, bis man Sönderups Wetterhahn auf seinem neuen Hochsitz entdeckte. Nicht Jumbo Tackert, den Sönderup auf die Fährte gesetzt hatte, und der mit einem unglücklichen Gesicht durchs Dorf stapfte, entdeckte den Hahn zuerst. Nicht Sönderup, nicht Hannah Postel: Der Briefträger sah ihn, als er sich über die nachtschwarze Qualmwolke wunderte, die aus Hannahs einzigem Schornstein quoll. Dabei hatte der Wetterhahn die ganze Zeit über offen vor aller Augen auf einem fremden Hausdach gehockt – nur schaute niemand hinauf! Ich hatte erreicht, was ich wollte: Peter Sönderup schäumte vor Wut, und Tarrafal brodelte wie ein Kessel mit kochendem Wasser. Fast zehn Tage lang sah mich Hageldorns Kastanie nicht in ihrem Geäst, so zufrieden war ich mit mir. Hannah Postel schwadroniert noch bis heute von dem „Wunder auf ihrem Hausdach". – Natürlich hatte ich die Spikes erst kurz vor der Dachkletterei übergestreift und sofort danach am Fuß des Birnbaums wieder ausgezogen. Ich hatte nicht die Absicht gehabt, eine deutliche Drei-Loch-Spur von unserem Haus zu Sönderup, und wie eine Fährte im Schnee, zurück zum Täter zu hinterlassen.

Irgend jemand hetzte Jumbo auf mich los. Er paßte mich drei Tage später auf dem Heimweg von der Schule ab und fragte, ob ich etwas mit dem Streich zu tun hätte. „Nein!" war meine Antwort. „Gut", sagte er nur, nickte ein paarmal mit dem Kopf und ließ mich laufen.

Na, endlich!

Jumbo setzte sich wieder in Marsch. So bedächtig, wie er gekommen war, schaukelte er um Sönderups südliche Wallecke herum.

Den war ich los!

Eine Minute später schwang ich mich in Hageldorns Kastanie, kletterte hoch ins Geäst, setzte mich auf den waagerechten Ast, den ich mir ausgesucht hatte, damit ich mir bei den langen Sitzungen nicht den Hintern einklemmte. Dann drückte ich mich eng an den Stamm heran. Falls jemand sich unter die Kastanie verirren sollte – zu entdekken war ich kaum. Für den würde ich nur eine Verdickung, ein Auswuchs am Baum sein. Auch von der Straße her befürchtete ich keine Entdeckung. Die Nacht war finster genug, um einen Schatten in einer Astgabel zu verwischen. Die meisten Leute drückten sich ohnehin scheu an dem Unglücksbaum vorbei und gönnten ihm kaum einen hastigen Blick.

Ich fürchtete mich nicht:

Ich sah Vater nur so, wie er war, als er noch lebte ...

Die Lücke im Geäst verschaffte mir eine gute Aussicht

auf Sönderups Wohnzimmerfenster. Ich knöpfte die beiden oberen Knöpfe an meinem Anorak auf und zog mein wichtigstes Gerät hervor: das Fernglas! Vater hatte es mir zu meinem zwölften Geburtstag geschenkt. Das Geld dazu verschaffte er sich von Tante Lene. Mutter mußte ihm das Geständnis am Abend zwischen den Zähnen hervorgezerrt haben. Und sie schaffte es wieder mal: Vater wurde wild und rannte an meinem Geburtstag spät abends aus dem Haus. Ich ging ins Wohnzimmer. Mutter weinte und starrte erschöpft vor sich hin. Am nächsten Morgen, am Frühstückstisch, redete Vater kein Wort. Mittags lachte er wieder.

Rechts, schräg unter mir, öffnete sich die Haustür. Niklas Hageldorn stürzte in Hemdsärmeln heraus, rannte um die Ladenecke. In Hemdsärmeln! Bei dem Wind! Gut eine Minute später kam er schon zurück und zog die Tür mit einem Knall hinter sich zu.

Ich drehte mit spitzen Fingern an dem Stellrad, bis ich den Kopf meines Feindes scharf in der Optik hatte, den Rauch seiner Zigarre steigen sah. Die Sönderups zogen die Vorhänge nicht mehr zu, seitdem die roten Hähne auf ihrem Dach gehockt hatten. Ich beobachtete sie so oft, daß ich die Falten in ihren alten Gesichtern aufzählen konnte.

Ganz nahe war Peter Sönderups hochmütiges Gesicht vor meinen Augen. Er konnte mir nur entkommen, wenn er das Zimmer verließ oder die Vorhänge zuzog. Ich sah seine zufriedenen Hängebacken, den feisten Nacken und die komischen Löckchen, die seine Glatze einrahmten.

So wenig änderten sich ihre Gewohnheiten an den Abenden, daß ich mein Fernglas hätte fest in der Kastanie montieren können. Zwei wuchtige Sessel nebeneinander, davor ein niedriger, runder Tisch, alles auf den Fernsehapparat ausgerichtet. Drei Möbel, die anscheinend nie von ihren Plätzen gerückt wurden, die immer bereitstanden, als seien sie am Fußboden angeschraubt.

Er saß links, näher zu mir hin. Sie saß rechts, ein wenig nach vorn gerückt. Er verfolgte mit steif aufgerichtetem Kopf das Fernsehprogramm. Sie schlummerte vor sich hin, das Kinn auf die Brust gesenkt, und ihr Kopf pendelte von einer Seite zur anderen. Hin und wieder schreckte sie auf, um bald danach wieder in sich zusammenzusinken. Sein Kelchglas zeigte eine dunkelrote Füllung, die stetig abnahm. Sobald das Glas leer war, schenkte er Rot nach, aus einer Flasche, die er sich vom Fußboden heraufangelte. Aber das geschah nicht mehr als dreimal am Abend. „Peter Sönderup trinkt teuren Portwein", wußte man in Tarrafal. Ihr Glas enthielt eine wasserhelle Flüssigkeit, konnte Wasser oder auch Brause sein. Sie nippte nur ganz selten daran und schenkte auch nicht nach. Sie schauten sich nicht an. Sie redeten nicht miteinander. Vielleicht hatten sie tagsüber schon gesagt, was zu bereden war. Einmal mindestens während des Abends stand Peter Sönderup auf und trat an das Fenster heran. Dort blieb er eine Weile stehen, starrte in die Finsternis hinaus – ein schwarzer Klotz hinter der Scheibe. Plagte ihn sein Gewissen?

Schon wieder Niklas Hageldorn! Wieder rannte er um die Hausecke, kam nach eineinhalb Minuten zurück, verschwand hinter der froschgrünen Haustür. Niklas hatte heute seinen unruhigen Tag.

Keine Klingel, kein Telefon und einen Nachttopf unter dem Bett – das war Niklas Hageldorn. Eigentlich ein netter Kerl. Seine Augen schauten blaßblau und erstaunt in die Welt, und er lächelte wie ein Lebkuchenmännchen. Seinen kleinen Laden, in dem er von sauren Gurken über Petroleum bis zur Bohnensaat alles verkaufte, führte er ganz allein mit seiner Frau. Nicht wenige hielten Hageldorn für einen Trottel, der allen Neuerungen hinterherhinkte. Tante Lene war anderer Meinung: „Niklas", sagte sie, „setzt sich die Narrenkappe auf und läßt die anderen tanzen. Und sie merken es nicht." Ich fragte ihn einmal, ob man denn heutzutage ohne Telefon noch ein Geschäft führen könne. Man könne, erklärte er mir augenzwinkernd, wenn es sich um einen Museumsladen handle wie den seinen. Die Feriengäste, seine besten Kunden, wollten später erzählen können „... wir haben da in einem Laden gekauft, so was gibt's gar nicht mehr." Das ließen sie sich etwas kosten; denn Supermärkte hätten sie in ihren Städten genug.

Ich sah ihn nicht um die Ecke biegen, wurde ihn erst gewahr, als er an Hageldorns Tür donnerte. Niklas hatte wohl hinter der Tür gelauert – so schnell öffnete er.

Tim Weppler, der Briefträger von Tarrafal, wedelte mit einem Papier in der Luft herum und schrie, daß ich jedes Wort verstehen konnte: „Niklas! Du bist Großvater geworden! Eine Enkeltochter!"

Also darum schaute Hageldorn so oft um die Hausecke: Er erwartete ein Großvater-Telegramm! Ich kannte seine Tochter Else, ein hübsches Mädchen. Sie war Sekretärin bei unserem Pastor gewesen, bevor sie heiratete.

Niklas führte eine Art Freudentanz auf. Das Fernglas holte die beiden Gestalten ganz nahe zu mir heran. Jetzt schwenkte Hageldorn das Papier in der Luft herum, und mit dem anderen Arm hielt er den Briefträger wie einen lieben Kegelbruder umfangen.

„Mutter! Mutter!" brüllte er durch den Flur nach hinten. „Wir haben eine Enkeltochter! Kind und Else sind gesund!" Und zu Tim Weppler sagte er: „Danke Tim, daß du dein Versprechen wahrgemacht und uns die frohe Nachricht überbracht hast."

„Ich hatte extra vereinbart, daß sie mir das Telegramm noch bis elf Uhr durchsagen könnten. Ich wußte ja, wie sehr du darauf gewartet hast. Du solltest dir wohl doch ein Telefon zulegen, Niklas – falls du noch mehr Enkelkinder erwartest." Tim Weppler lachte.

„Ja – nein ... Ich bin ganz durcheinander", sagte Niklas Hageldorn. „Komm, Tim, wir müssen unbedingt einen aus der besten Flasche trinken. Das sind wir dem ersten Enkelkind schuldig ..."

Ich hörte nicht mehr, was der Briefträger darauf antwortete; eine Windbö verstopfte meine Ohren. Ich sah aber, wie Niklas Hageldorn Tim Weppler über die Türschwelle zog ...

Tim Weppler war ein fröhlicher Briefträger. Wind und Wetter hatten sein Gesicht krebsrot gefärbt. Doch es gab Leute in Tarrafal, die behaupteten, daß seine Gesichtsfarbe wohl eher von den Schnäpsen herrührte, die Tim auf seinen vielen Wegen eingeschenkt bekam. Ich mochte Tim Weppler lieber als die, die so über ihn redeten. Er konnte den Mund halten. Am Beginn des Jahres traf er mich mal mit Sylvie zusammen an einem Ort, wo uns eigentlich niemand sehen sollte. Zwei Tage später schlich ich an ihm vorbei, und da winkte mich Tim zu sich heran. „Ich hab' nichts gesehen, rein gar nichts. Kannst dich drauf verlassen, Markus", sagte er und zwinkerte mir zu. Das vergaß ich Tim Weppler nicht.

Nanu?

Da schlich jemand an Sönderups Wall entlang.

Mein Fernglas faßte eine Gestalt, die mehr unterwegs als zu Hause war: Wieselig, die linke Schulter vorgeschoben, als müßte sie die Luft zerteilen wie ein scharfer Motorbootsbug das Wasser, so schnüffelte einer am jenseitigen Straßenrand entlang: David Küppers, Tischlermeister, Sarghändler, Gemeindevertreter, Kegelklubvorsitzender und Feuerwehrhauptmann in Tarrafal! Das waren die Ämter, von denen ich wußte. Es konnten auch mehr sein. Am liebsten hörte er, wenn man ihn „Chef der Tarrafaler Feuerwehr" nannte. Und wer die Feuerwehr lobte, konnte von ihm ein schmieriges Lächeln ernten. In Zivil sah er aus wie eine schmuddelige Ratte. In seiner Feuerwehruniform zeigte er mehr her.

Wie hatte Vater von ihm gesagt? „... wenn der nicht

über Brand und Feuerwehr reden kann, redet er über andere, nur – selten etwas Gutes.“ Tante Lene hielt auch nicht viel von ihm. „... einer, der mit der Uniform verdecken muß, daß er ein hundsmiserabler Handwerker ist.“ So sagte sie mal wütend, als ihr ein Küchenstuhl aus dem Leim ging, den er gerade erst repariert hatte.

Ich verfolgte David Küppers mit dem Fernglas, sah, wie er eine rasche Kopfwendung hin zu Sönderups Fenstern machte, ohne anzuhalten weitereilte und dann durch Anton Sellmers Haustür schliefte, wie das Kaninchen in die Notröhre. Sellmers Schuppendach war ein Ausweichversteck von mir.

Was hatten David Küppers und Anton Sellmers zu bereden? Geschäfte mit altem Gerümpel?

Vor mir im Umkreis von hundert Metern wohnten drei Menschen, von denen erzählt wurde, daß sie hinter dem Geld her seien – mit klebrigen Fingern. Wir hörten eine Menge von dem, was Erwachsene übereinander zu sagen hatten. Schließlich stopften wir uns die Ohren nicht zu.

Anton Sellmer machte Geschäfte mit altem Zeug, das er als Antiquitäten verkaufte. Er war ein pfiffiger, rundlicher Mann mit einem harmlosen Gesicht, dem die meisten glaubten, was er ihnen vorlog. Im Sommer, wenn die Feriengäste in Scharen auf seinen Antiquitäten-Leim flogen und das Geschäft lief, spendierte er den Kindern häufig ein Eis.

Dieser Küppers war wie ein rostzerfressenes Ofenrohr – außen unansehnlich, lang, hohl und leer, innen schmierig, fettig und schwarz. In seiner Tischlerwerkstatt war er selten anzutreffen. Das Sarggeschäft mit den Beerdigungen brachte das Geld ein.

Die Beerdigung meines Vaters hatte er auch ausgestattet, und Tante Lene regelte alles. Mutter konnte nicht. „Nervenzusammenbruch“, sagte der Arzt.

An dem Tag nach der Beerdigung war ich zum ersten Mal nachts allein unterwegs gewesen – weit draußen vor dem Dorf auf dem Friedhof. Und damals merkte ich, daß es mir nichts ausmachte, in der Dunkelheit allein zu sein. Wenn ich schon auf dem Friedhof keine Angst hatte ... Tante Lene fing mich vor der Gartenpforte ab, als ich zurückkam. Sie legte den Arm um mich, zog mich durch ihre Haustür. „Komm, Markus, du schläfst hier, bis deine Mutter wieder gesund ist. Am Tag schauen wir nach ihr." Sie hatte Kakao heißgestellt, den tranken wir mit Rum. Und sie goß mir genausoviel Rum in die Tasse, wie sich selber. Ich glaube, wir weinten beide.

Der Grabhügel war ganz mit Kränzen und Blumen bedeckt. Sie türmten sich übereinander, so daß man die blanke Erde nicht sah. Einen großen Kranz fand ich. „Peter und Christine Sönderup" stand auf der Schleife und irgendwas wie „gebe ihm Frieden". Zuerst wollte ich den Kranz nach der Nordostecke bringen und ihn auf den Abfallhaufen werfen. Dann riß ich doch nur die weißseidenen Bänder ab und warf sie weg. Wo Vaters Kopf ruhte, räumte ich die Kränze beiseite und grub mit den Händen ein Loch in die lockere Erde. Dahinein legte ich das kleine Schiffsmodell, das ich ihm zu seinem Geburtstag gebastelt hatte. Vierzehn Tage später hätte er Geburtstag gehabt ... Ich hätte ihm auch gern einen Strauß Staticen gebracht – die mochte er gern. Sie wachsen auf den tiefen Weiden, die von den Sturmfluten überspült werden, und sie strecken gegen Frühjahrsende ihre blauen Blütendolden über die Grabränder. Aber sie blühten noch nicht.

Peter Sönderup schickte einen Kranz!

Warum erhängte sich Vater? Warum erhängte sich Vater in Hageldorns Kastanie? An dem Ast, der genau auf Peter Sönderups Haustür zeigte? Gesagt hatte Vater nichts, und einen Brief an mich hinterließ er auch nicht. Ich durchsuchte damals das ganze Haus danach. Vater ging ohne Abschied von mir. Nur daß Sorgen ihn bedrückten, daß irgend etwas ihn quälte, wußte ich.

Aber *eine* Botschaft hinterließ er mir doch. Der lange Ast von Hageldorns Kastanie zeigte auf Peter Sönderups Haus! Daß er sich daran ... Das war kein Zufall.

Es paßte alles zusammen. Sönderup verleiht Geld zu unverschämten Zinsen, erzählten sich die Leute. Ich selber hatte gehört, wie Hannah Postel und David Küppers sich darüber unterhielten. Und mein Vater hatte kein Glück mit dem Geldverdienen. Manchmal besaß er genug, manchmal keins, das hatte sogar ich mitbekommen. Vater mußte sich Geld von Sönderup geliehen haben ... Der wollte es zurück, mit Zinsen zurück ... drängte, drohte ... Vater konnte nicht zahlen, wußte keinen Ausweg ... und dann kam die Kastanie ... So konnte, nein – so mußte es gewesen sein. Sönderup war ein Hund, und ich war noch nicht fertig mit ihm!

Tante Lene sprach mal mit mir darüber. „Glaub das Gerede nicht“, sagte Tante Lene. „Peter Sönderup verleiht kein Geld im Dorf. Er nutzt Möglichkeiten, die ihm mehr Gewinn bringen.“ Sie wollte es mir ausreden. „Markus, dein Vater war krank, sehr krank.“ Ja, krank von Geldsorgen, das wußte ich ja. „Dein Großvater ...“ Sie preßte die Lippen zusammen, schüttelte den Kopf, redete nicht weiter. „Was war mit meinem Großvater?“ fragte ich.

„Er starb sehr früh.“ Mehr war nicht aus ihr herauszukriegen.

Ich schaute auf die Uhr: fünf Minuten nach elf!

Zeit für Peter Sönderups nächtliche Kontrollrunde um das Haus! Den Rundgang erledigte er immer kurz nach elf.

Ich sah, wie er sich aus dem Sessel stemmte, auf die Stubentür zusteuerte, sie hinter sich offen ließ. Christine begann den Tisch abzuräumen. Dann erschien er in der Haustür, trat weit auf den Steinweg hinaus, so weit, daß er sein Hausdach überschauen konnte: kein Pfeil, kein roter Hahn! Nein, vor drei Tagen bekamst du den letzten. Der Wetterhahn thronte noch auf dem Dachfirst! Davon überzeugte sich Sönderup, sooft ich ihn beobachtete.

Er durfte unbesorgt sein: Zweimal lieferte ich nicht das gleiche Stück!

Danach trödelte er gemächlich um sein Haus herum, immer linksherum, überprüfte den Verschluß der Fenster, kam hinter der Hausecke außer Sicht. Jetzt mußte ich fünf Minuten warten, während er die Rückfront des Hauses abpatrouillierte. Dann lief er mir an der rechten Hausecke wieder ins Glas. Zwei Minuten lehnte er noch fröstelnd in der Haustür mit hochgezogenen Schultern, schaute zu Hageldorn hinüber und zur Kastanie.

Schau du nur! Mich siehst du nicht. Aber vielleicht siehst du meinen Vater noch hängen!

Der Wind trieb ihn hinein. Noch den Türdrücker in der Hand, bürstete er sich die Schuhe auf der Matte ab, dann erst schloß er die Tür.

Gleich darauf begann eine Lichterreise, die ich immer wieder miterlebte: Die Reise in das Giebelschlafzimmer mit Licht aus, Licht an, Licht aus. Wohnzimmer, unterer Flur, Badezimmer, oberer Flur, Schlafzimmer ... Das Licht zeigte mir die einzelnen Stationen an. Im Giebelzimmer blieb das einzige Fenster gerade so lange hell, bis zwei Menschen ihre Kleider abgestreift und sich in den Betten ausgestreckt hatten. Licht aus!

Sönderups Kater klemmte sich durch die Holzstäbe der Pforte. Der Schwarze kannte als einziger mein Baumversteck.

Er stelzte steifbeinig bis zur Straßenmitte, schaute lange nach links und noch länger nach rechts. Weder Hageldorns Graugetigerte ließ sich blicken noch Sellmers Schwarze mit den eleganten weißen Socken. Schwenkte er nach links ab, um in den Büschen am Kliff herumzustöbern? Dort trieb sich Hannah Postels struppige Alte häufig herum, und eine struppige Alte war immer noch besser als gar keine.

Nein, der Kater besann sich auf seinen heimlichen Bekannten im Baum. Mit dem längsten Satz, den seine alten

Beine noch hergaben, setzte er über den Steinwall und krallte sich am Stamm der Kastanie empor.

„Na, Alter!"

Ich kraulte ihm das Nackenfell. Er bedankte sich mit einem rauhkehligen Schnurren, rieb den Dickkopf an meinem Schenkel, wobei er sich sicher wie ein Seiltänzer auf dem glatten, runden Ast hielt.

„Genug für heute. Zieh ab."

Der Kater konnte ja nichts dafür, daß ich den Mann haßte, unter dessen Dach er lebte.

Ich rannte.

Meine Schuhe trommelten die Straße.

Schneller! Der Wind stöhnte, und die Äste drohten.

Hinter mir war der Himmel rot.

Und ich drehte mich nicht um.

Die halbe Allee hatte ich schon durchlaufen – da fing sie an. Zuerst flüsterte sie, als hätte sie noch nicht genug Luft, aber dann wurde sie lauter und lauter.

Feuer! heulte die Sirene auf dem Gemeindehaus.

Sie wurde wieder leise, murmelte gerade noch, als ich bei den letzten Bäumen der Allee ankam. In der Gartenpforte setzte sie zu ihrem zweiten Ruf an. Und als ich das Fenster geöffnet hatte, war sie am lautesten: Feuer in Tarrafal!

Ich wollte ins Zimmer klettern, rührte mich aber nicht von der Stelle. Der Wind zerrte an meinen Kleidern, als wollte er sagen: Los! Verschwinde! Das Feuer ist meine Angelegenheit! Ich hatte einen glühend heißen Kopf. Konnte ich kein Sirenengejammer ertragen?

Ich drehte mich um: Die Wolken hatten glühende Bäuche. Fenster wurden gelb. Fenster öffneten sich. Türen klappten. Tarrafal wachte von einer Minute zur anderen auf. Die Feuersirene erreichte jeden Schlaf, durchbohrte jeden Traum. Sie stürzten, sie taumelten aus den Betten. Es war, als könne ich in die Häuser hineinschauen. Sie fragten, noch bevor die Hände den Lichtschalter berührten: ... unsere Sirene? Wo? Im Dorf? ... In der Nähe? ... Doch wohl nicht das Nachbarhaus? ... Hör den Wind! Er ist gefährlich ... Wir leben unter Reetdächern ... Herrgott, meine Brille ... Sie streiften die Kleider über, egal wie. Sie rissen die Gardinen zurück, sahen den roten Himmel.

In den Häusern, in denen Feuerwehrleute wohnten, ging es anders zu. Die redeten nicht unnötig, fragten nicht. Sie erfuhren es ohnehin als erste. Bei ihnen lagen die Kleider bereit, die Helme, die Gürtel, die Äxte. Sie knöpften sich auf der Treppe die Jacken zu, schnallten die Koppel auf der Straße um. Sie wußten, daß es um Minuten ging. Reetdächer! Und der Wind war ein Blasebalg; er war stärker als ihre armseligen Wasserstrahlen.

Die Sirene röchelte und schwieg. Aber die Sirene im Nachbardorf nahm das Signal auf. Es klang wie ein Echo, das durch eine Watteschicht zu uns gelangte.

Bei Tante Lene wurden zwei Fenster hell.

Nebenan leuchteten die Vorhänge auf. Licht bei Mutter! Verdammt! Was trödelte ich noch hier herum! Ins Zimmer, damit ich Anorak und Schuhe loswurde, bevor ich Mutter traf. Wenn sie auch noch so fest schlief – die Feuersirene hatte sie nicht überhört. Sie würde nicht viel fragen. Wahrscheinlich ging sie bald wieder ins Bett. Dann konnte ich noch einmal losziehen. Wenn ich wollte ...

Wir begegneten uns im Flur. Mutter lehnte im Türrahmen und fragte schlaftrunken: „Markus ... Das war doch die Sirene – unsere Feuersirene. Brennt es im Dorf?“

Was sollte ich ihr sagen?

„Irgendwo im Westen brennt's, muß ein ziemliches Feuer sein. Den roten Himmel kann man vom Fenster aus sehen.“ Mutter hatte den Feuerschein bestimmt noch nicht bemerkt.

Ihre Schlafzimmervorhänge schlossen so fest, daß sie nicht einmal den kleinsten Spalt zum Durchschauen ließen.

„Ist es nahebei?“ fragte sie. Besonders neugierig klang ihre Stimme nicht.

„Nicht sehr nahe. Ich will gleich mal aus dem Bodenfenster schauen, vielleicht ist von oben mehr zu sehen. Der Wind macht die Sache schlimm. Die Feuerwehren werden tüchtig zu tun kriegen. – Gehst du wieder ins Bett?“

„Ja. Ich fühle mich nicht besonders.“

Sie fühlte sich nie besonders.

„Soll ich Tante Lene herüberbitten?“ Das war mir so herausgefahren. Was fiel mir ein! Ich wollte Tante Lene nicht treffen. Heute nacht nicht.

Mutter schüttelte nur den Kopf. Sie schloß leise die Tür, verschanzte sich in ihrem Schlafzimmer, wie der Einsiedlerkrebs in seinem Schneckenhaus.

Ich stürmte die Treppe hinauf, stellte das Bodenfenster auf. Beizender Brandgeruch stieg mir in die Nase. Rote und gelbe Feuerzungen schrieben eine Flammenschrift in den Himmel. Der Wind hatte sich angestrengt. Selbst zehn Feuerwehren konnten keinen Dachsparren mehr retten. Die Feuerwehr ... Hatte ich ihr Klingeln und das grelle Martinshorn überhört? Ich erinnerte mich nicht.

Unten kamen die Leute aus den Häusern. Wehende Mäntel spukten vor unserem Wall herum, strebten zur Straßenkreuzung, klumpten sich zusammen, redeten mit den Händen, wiesen auf den Feuerschein. Einige bröckelten ab, gingen, liefen, wurden von der Glut angesogen.

Sollte ich auch? Oder ließ ich es?

Ich wußte ja, wessen Haus brannte.

Doch. Ich wollte es sehen, sehen, wie Peter Sönderup die Fäuste ballte, während die Flammen seinen Besitz auffraßen. Vorbei war's mit den Gläsern auf dem Tisch und den Sesseln, die immer an der gleichen Stelle standen. Und von dem Wetterhahn würde er nur ausgeglühtes Blech wiederfinden.

Ich verschwand durch die Hintertür, schob den Schlüssel

unter den Stein, glitt durch die Pforte. Hinter Mutters Vorhängen hatte ich kein Licht mehr gesehen. Sicher war sie eingeschlafen.

Aber Tante Lene schlief nicht. Sie stand neben dem hölzernen Vorbau – ich sah sie im letzten Moment. „Markus! Warte!“ rief sie halblaut, winkte und hinkte auf mich zu.

Später, Tante Lene ... Ich kümmerte mich nicht um sie, bog um den Reetstapel herum in den Feldweg zum Kliff ein. Die Allee war mir zu belebt.

Ich werde auf Sellmers Schuppendach steigen, überlegte ich mir unterwegs.

Sellmers Schuppendach ging nicht! Der Teerbelag war geschmolzen; das merkte ich, als ich mit einer Hand klebenblieb. Ich würde nachher noch mit Butter drangehen müssen, um die Schmiere zu entfernen. Weit mußte ich ausholen, zurück ans Kliff, bei der Liebesallee in den Museumsgarten – die alte Tour. Auf der Straße, an beiden Kreuzungen und vor Hageldorns Haus drängten sich die Leute wie ein Krähenschwarm vor einem gefallenen Hasen. Ich schob mich bei der Kastanie wieder unter die Heckenrosen.

Die Hitze brannte auf meinen Backen. Vor nicht ganz zwei Stunden blies mir an dieser Stelle der Wind die Kälte bis an die Haut.

Gegenüber zischte es. Dampfschwaden bildeten einen rot angehauchten Nebel, in dem die Feuerwehrhelme wie kleine Fischerbojen hin und her tanzten. Kein Feuer brüllte; keine hohen Flammen prasselten mehr. Das Feuer war satt. An ein paar Stellen flackerten noch kleinere Flammen, leuchtete Glut. Es schien, als hätte das Feuer alles Genießbare verschlungen, sich in kurzer Zeit überfressen, und nun machte es ihm Mühe, noch den Nachtisch hinunterzuwürgen.

Eben rechts von meinem Ausguck stand ein unförmig dicker Mann mit Helm wie ein Denkmal: Bäcker Franzen lenkte in Bauchhöhe einen Wasserstrahl aus dem Spritzenmundstück dahin, wo Peter Sönderup seinen abendlichen Kontrollgang begonnen und beendet hatte. Es gab keine Haustür mehr und nichts mehr zu kontrollieren.

David Küppers wieselte überall herum, wie ein Kasper auf der Bühne. Tauchte er im Wassernebel unter, so hörte man noch seine kläffende Stimme. Er war *der* Mann heute nacht. Wo war Peter Sönderup?

So weit, wie ich es überhaupt wagen konnte, schob ich mich nach vorn und schaute nach beiden Seiten. Peter Sönderups vierkantige Gestalt entdeckte ich nirgends, und seinetwegen war ich noch mal gekommen. Vielleicht hielt er sich hinter der Hausruine im Garten auf. Aber auf der anderen Seite mußte die Hitze unerträglich sein; der Wind trug sie in die Richtung. Vielleicht war er auch ohnmächtig geworden vor Angst und Schreck.

„Entsetzlich, das mit Peter!“ drang eine Stimme von rechts zu mir ins Gebüsch: Hannah Postel! Ihre Stimme war ganz heiser. Das Feuer mußte sie bös mitgenommen haben, sonst hätte sie mehr geredet.

„Ganz entsetzlich!“ wiederholte eine Frauenstimme, die ich nicht erkennen konnte.

Was war entsetzlich? Das mit meinem Vater war entsetzlich gewesen an dieser Stelle. Peter Sönderup hatte nur ein Haus verloren, und Häuser ließen sich wieder aufbauen.

Beinahe hätte ich aufgeschrien – jemand stieß mich an: Sönderups Kater!

Ich wurde schreckhaft in dieser langen Nacht. Der Alte wühlte seinen Kopf in meine Armbeuge hinein und begann kläglich vor sich hin zu miauen. Ich rutschte etwas die Wallschräge hinab, tippte ihm sanft auf die Nase. Still! Um den Kater tat es mir leid. Er hatte sein warmes Zuhause verloren. Ob ich ihn mitnahm, zu mir nahm? Nein, besser nicht. Katzen gewöhnen sich nicht an ein anderes Haus, sagt man. Sie werden unglücklich, tückisch und falsch, streunen herum, bis man sie eines Tages kalt und steif in einem Winkel findet.

Tut mir leid, dachte ich, du mußt sehen, wie du zurechtkommst, Alter.

Peter Sönderup war noch nicht aufgetaucht. Ich wollte nicht länger auf ihn warten.

Er erwischte mich, als ich gerade Hageldorns Nordpforte hinter mir zurückschwingen ließ. Eine schwere Baggerschaufel legte sich auf meine Schulter, hielt mich an.

„Stop, Markus“, sagte Jumbo leise.

Es war mein Versehen. Ich hätte vorsichtiger sein müssen. Ich hätte mich umschauen und absichern müssen, wie sonst immer.

„Warum treibst *du* dich noch hier herum?“

„Hier treiben sich mehr Zuschauer herum“, antwortete ich patzig.

„Ja, aber die sind erwachsen“, sagte Jumbo ruhig. „Ab nach Hause.“ Und nach einer kleinen Pause: „Ich komme mit. Ich möchte noch mit dir reden, Markus.“

Dagegen konnte ich nichts einwenden; er hatte mich erwischt. War er auf mich aufmerksam geworden, als ich ganz nach vorn kroch oder später, als der Kater zu mir kam?

Aber Jumbo redete nicht mit mir, jedenfalls nicht sofort. Er schaute sich nach hinten um und schob mich dann am dunklen Steinwall entlang, wobei er mich mit seinem breiten Rücken verdeckte. Am Ende des Museumswalles bogen wir nach rechts ab: Er steuerte auf das Kliff zu.

Er legte den Arm um mich, ganz freundschaftlich. Aber der leichte Druck seiner Hand auf meiner rechten Schulter sollte mich bestimmt erinnern: Nicht auskneifen, Freundchen! So stapften wir wortlos am Kliffabhang entlang. Niemand begegnete uns. Hatte er darum den Kliffweg gewählt?

Jumbo setzte ein paarmal zum Sprechen an, doch es blieb bei einem Räuspern. Konnte er nicht den rechten Anfang finden? Was Sylvie wohl sagen würde, wenn sie uns beide jetzt sehen könnte!

Was hatte er vor? Wollte er mich wie ein Postpaket bei meiner Mutter abgeben? Nach Mitternacht? Mutter schlief und war nicht so leicht wachzukriegen. Bei Tante Lene durfte er mich gern abgeben. Ich konnte mir vorstellen, daß sie hinter dem verdunkelten Fenster nach mir Ausschau hielt. Tante Lene würde keine Miene verziehen, wenn ich mit einer Polizeieskorte auftauchte. Sie würde auch keine Fragen stellen, sondern mich in das Gästezimmer stecken, das immer aufgebettet bereitstand. Und Jumbo bekäme einen Schnaps ...

Kurz bevor wir beim Bäcker Franzen um die Ecke biegen mußten, hielt er an und drehte mich wie auf einem Zapfen zu sich herum. Massig und hoch wie unser Kirchturm stand er vor mir.

„Markus“, sagte Jumbo. „Markus, dieser Sönderup-Brand ist eine fürchterliche Katastrophe. Ich hoffe nur, daß nicht Brandstiftung die Ursache war. Man wird einen Kriminalbeamten ins Dorf schicken, der einen Schuldigen suchen muß. Er wird ganz Tarrafal umkrempeln und nicht ruhen, bis er ihn gefunden hat. Und ich, ich muß ihm dabei helfen. Mich wird er befragen und dich auch, Markus.“

Ich sagte nichts. Wollte Jumbo hintenherum andeuten, daß er mich – daß ich dieser Brandstifter war? Jumbo Takkert war trotz allem gut auf mich zu sprechen – seit etwas über einem Jahr war er mir sogar besonders gewogen. Das war vielen Leuten in Tarrafal bekannt.

Er bewegte das Kinn, als kaute er auf etwas herum. Was wollte er noch von mir? Ich war müde, sehnte mich nach dem Bett.

Jumbo schaute auf mich herab, und als er den Mund öffnete, tropften die Worte langsam von oben.

„Es ist noch ein Unglück dazugekommen. Weißt du davon?“

„Ich weiß gar nichts“, sagte ich.

„Peter Sönderup ist tot. Er hat sich nicht rechtzeitig retten können.“

„Tot ...?“ Ich würgte dieses eine Wort, diese drei Buchstaben mühsam wie einen Pfropfen heraus. Er konnte sich nicht retten ... Aber ich hatte doch den Stein durch das Fenster geworfen, hatte noch gesehen, wie in Sönderups Schlafstube das Licht anging!

„Ja, tot“, wiederholte Jumbo Tackert leise.

Ich drehte mich um. Ich wollte nach Hause, schnell. In mein Zimmer. Nein, zu Tante Lene. Peter Sönderup war tot ... Jumbo hielt mich noch einmal zurück.

„Markus, wenn du etwas darüber weißt, bitte, sag es mir! Und warte nicht zu lange damit. Wo du mich treffen kannst, ist dir ja bekannt.“

„Ja“, sagte ich. Sagte ich ja?

Ich brachte die letzten dreihundert Meter hinter mich.

Tante Lene stand vor unserer Pforte.

„Er ist tot“, sagte ich.

„Ich weiß“, sagte sie. „Du mußt jetzt schlafen, Markus. Wenn du willst, reden wir morgen darüber.“ Sie schob mich durch die Pforte.

Ich holte den Schlüssel unter dem Mauerstein hervor, schloß auf, schloß zu, zog mich aus, fiel ins Bett.

Nebenan war es still. Mutter wußte nichts von alledem.

Jumbo Tackert hoffte, daß es keine Brandstiftung gewesen war. Niemand im Dorf wußte, wie es geschah: nur ich!

Ich wollte meine Gedanken in Ordnung bringen, aber das gelang mir nicht. Immer wieder mußte ich an Peter Sönderup denken, und daran, daß er tot war. Nein. Nicht nur tot – verbrannt! Verbrannt! Verbrannt!

Ich stand auf, stürzte in die Toilette, kotzte in das Becken. Hinterher trank ich ein Glas Wasser.

Theo Bank: Ein Lumpensammler

Ich heiße Bank, Theo, Kriminalobermeister im Brandermittlungsdezernat.

Eineinhalb Tage nach dem Feuer machte ich mich auf den Weg nach Tarrafal, um nach einem Brandstifter zu fahnden oder nachzuweisen, daß es keinen gab.

Tarrafal ... Ein ungewöhnlicher Ortsname, ein Kolibri unter gewöhnlichen Hausspatzen. Ein kleines Inseldorf. Ich rechnete nicht mit einer besonderen Sache.

Tarrafal wurde ein ungewöhnlicher Fall.

Ich bin ein nüchterner Mensch, der den Tatsachen nachjagt. Bei den Ermittlungen in Tarrafal erfuhr ich wenig über einen Brandstifter, aber viel über Menschen.

Kriminalistik, wie ich sie betreibe, bietet nichts Abenteuerliches und Geheimnisvolles, wenn man davon absieht, daß das Gesicht eines Täters lange Zeit und manchmal für immer ein Geheimnis bleiben kann.

Mit einem Revolver fuchtle ich nur auf dem Schießstand herum. Sonst brauche ich keine Waffe. Ich bin mehr ein Reisender, der andere mit Fragen belästigen muß: mit wichtigen Fragen, nebensächlichen Fragen, Wiederholungs- und Fangfragen. Man belügt mich, man verschweigt mir, man sagt mir die halbe oder auch die ganze Wahrheit, und ich wehre mich dagegen mit den Tricks und Finten, die man in meiner Branche lernt. Nur selten sieht jemand in mir den Menschen, der Freunde sucht, Blumen liebt und angelt.

Man könnte mich einen Lumpensammler nennen; denn ich suche auf zahlreichen Wegen viele Informationen wie alte Lumpen zusammen. Ich beschnüffle und sortiere, ich trenne Wichtiges vom Unwichtigen, ordne, tausche aus, werfe weg, lege immer wieder ein neues Muster. Bis ich einen Flickenteppich menschlicher Irrtümer, Narrheit und Niedertracht zusammengestückelt habe. Man erwartet, daß meine gesammelten Geschichten wahr sind. Aber nicht selten erzählen sie nur die halbe Wahrheit.

Eine neue Geschichte begann, von der ich nur das Ende in meiner Aktentasche bei mir trug. Den Anfang und die Mitte mußte ich suchen.

Der Eisenbahndamm zersägte Wasser und Land in zwei Hälften, die einander glichen. Das stumpfe Grau einer Wattenlandschaft im Oktober zog an meinem Abteilfenster vorbei. Ein paar Rotschnäbel storchten auf Streichholzbeinen durch den Schlick. Hier und da faulenzte eine Möwe auf den Buhnenköpfen. Ein leiser Wind rillte die Pfützen, die das fliehende Wasser zurückließ. Bleifarbene Wolken quollen am Nordhorizont, um frühe Dunkelheit und neuen Wind anzukünden.

Ich sah, aber meine Gedanken wollten sich nicht mit der Landschaft beschäftigen. Sie eilten dem Zug voraus, einer Aufgabe zu, die für mich fast immer mit einem Gespräch in einem fremden Amtszimmer begann, mit verkohlten Balken weiterging und mit einem Schlußbericht endete. Eine neue Bekanntschaft stand mir bevor: Ich lernte endlich eine Insel kennen. Bisher war ich nicht weiter als bis an die Küste gekommen.

Kommissar Melchior, mein Vorgesetzter, hatte mich in seiner hastigen und ironischen Art mit meiner Aufgabe bekanntgemacht.

„... setzen Sie sich getrost auf die Bahn, Bank. Ein romantisches Inseldorf erwartet Sie – malerische Reetdachhäuser, von malerischen Steinwällen und malerischen Heckenrosen umgeben. Alles malerisch – auch die Preise, die die Feriengäste zahlen müssen. Nichts für Familienväter mit Kindern und normaler Brieftasche. Nun, Sie reisen ja dienstlich. Dann gibt es zwei Schönheitsfehler: eine Brandstiftung – mögliche Brandstiftung! – und eine Leiche. Und einen Haufen Gerüchte."

Er schob mir einen bräunlichen Din-A 4-Umschlag über

die Schreibtischplatte zu und verabschiedete mich: „Sie werden wieder mal Tatsachen suchen müssen, die unter der Oberfläche schwimmen. Sehen Sie zu, Bank, was Sie herausfinden können. Falls Sie Hilfe brauchen, fordern Sie welche an. Ach so – die Obduktion habe ich telefonisch vorbereitet. Die Pathologe kommt morgen vom Festland herüber."

Mögliche Brandstiftung und ein Toter!

Ich suchte den braunen Umschlag aus meiner Aktentasche heraus, um zum zweitenmal durchzulesen, was der Polizeiposten Tarrafal gemeldet hatte.

... Am 14. Oktober 1972 brannte in der Gemeinde Tarrafal das Anwesen des Pensionärs Peter Wulf Sönderup bis auf die Grundmauern ab.

Der Feueralarm wurde um 23 Uhr 47 gegeben. Die Person, die ihn auslöste, konnte nicht ermittelt werden.

Sönderup kam in den Flammen um. Nach Aussagen seiner Ehefrau Christine, die sich nur in Nachtbekleidung aus dem brennenden Gebäude retten konnte, wollte ihr Mann noch versuchen, eine Kassette mit Geld und Papieren zu bergen. Das Schadenfeuer breitete sich, durch die herrschenden Windverhältnisse bedingt (Westwind, Stärke 5 bis 6), derartig schnell aus, daß keine Hilfe für Sönderup möglich war. Ebenfalls wurde kein Mobilar gerettet. Den eingesetzten Feuerwehren (eine Ortswehr, zwei Wehren aus der Umgebung) gelang es nur unter vollem Einsatz, die in Windrichtung liegenden Nachbarhäuser vor Funkenflug und dem Übergreifen der Flammen zu bewahren.

Die Leiche des P. W. Sönderup konnte erst am Morgen nach dem Brand geborgen werden. Sie wurde zur Obduktion in die hiesige Kapelle gebracht. Fundort der Leiche im Mittelteil des Hauses, etwa dort, wo sich ehemals die Treppe zum Dachgeschoß befand.

Verdacht auf Brandstiftung muß angenommen werden.

Der verstorbene Sönderup erhielt auf ungewöhnlichem Wege in einem Zeitraum von sechs Wochen vor dem Brand drei Karten, die als Feuerdrohung angesehen werden können. Die erste Karte am 28. August, eine zweite am 3. Oktober, die letzte am 11. Oktober – drei Tage vor der Katastrophe.

Diese Karten – es handelt sich um weiße Standardkarten – sind mit der Darstellung eines roten Hahns bedruckt, die als Kartoffeldruck anzusprechen ist. Alle Karten waren in Schlitzen von Rohrpfeilen eingeklemmt (im hinteren Drittel) und wurden im Mittelteil des Sönderup-Hauses nahe dem Giebel im Dach steckend aufgefunden. Zwei Karten konnten von mir sichergestellt werden, als mich S. bald nach dem Fund benachrichtigte. Eine Karte, die erste vom 28. 8., wurde von S. vernichtet, wie er mir gegenüber angab. Über die Person eines möglichen Täters kann ich keine Angaben machen.

gez. Tackert
Polizeiobermeister

Dem nüchternen Bericht war noch eine Notiz beigefügt, locker mit einer Heftklammer, um sie von den Tatsachen einer amtlichen Meldung zu trennen. In ein paar handschriftlichen Zeilen teilte Polizeiobermeister Tackert mit, daß Gerüchte im Dorf umliefen, die auf einen vierzehnjährigen Jungen abzielten. Er sei verpflichtet, das Dezernat davon in Kenntnis zu setzen, betone aber, daß es sich hierbei um unbewiesenes Dorfgeschwätz handle. Das alles stand in einer groben, ungelenken Handschrift auf dem Papier, als sei es dem Schreiber widerwärtig, derartige Mitteilungen zu schreiben.

Mit diesem Wissen setzte man mich auf die Fährte. Ich

mußte nun die Lücke in Tackerts Bericht ausfüllen. Ich sollte einen Täter finden und die dazugehörige Geschichte. Ein jugendlicher Täter möglich ...

Das war genau *die* Möglichkeit, die mir am wenigsten gefiel. Einem Jugendlichen ist Brandstiftung ebensogut zuzutrauen wie einem Erwachsenen – das hat mir die Praxis bewiesen. Ich erlebe es oft genug, und ich kann mir keine betuliche Rücksichtnahme und kein empfindsames Gemüt in meinem Beruf leisten. Trotzdem fällt es mir schwerer, die Rattenfängermethoden, die Kniffe, die Fußfallen und die gezuckerten Worte bei Kindern anzuwenden als bei Erwachsenen. Aber ich wende sie an. Ich habe einen Täter zu finden ... wenn es einen gibt.

Dem Zug entstiegen nur wenige Reisende, alle in Mänteln. Der Oktober hatte die fröhlichen Farben der Sommerkleider aus dem Verkehr gezogen.

Von jetzt an begleiteten mich Steinwälle und Heckenrosen, versteckte Giebel und Reetdächer, niedrige Mauern, kleinquadratige Fensterscheiben und Türen, deren altehrwürdige Machart in Kunststoffarben glänzten. Melchior hatte nicht zuviel versprochen.

Mit meinen Erkundigungen nach der Polizeiwache hatte ich weniger Glück.

Der erste, den ich fragte, war Gast, kannte sich nicht im Ort aus. Täte ihm leid ... Eine ältere Frau, die vorübergeneigt ging und ein Tuch um die Mundpartie geschlungen hatte, bedeutete mir durch Zeichensprache, daß man ihr gerade alle Zähne gezogen hatte. Sie konnte nicht reden ... Der dritte wußte es, ein Mann mit blaurotem Gesicht.

„Geradeaus bis zur zweiten Kreuzung, rechte Querstraße, linke Seite, zweites Haus." Er hob zusätzlich noch seinen Handstock, streckte ihn wie einen Wegweiser in die Richtung, als traue er mir zu, daß ich sonst im Kreis herumirren würde.

Er wuchtete sich hinter seinem Schreibtisch hervor, stampfte auf mich zu, zerquetschte mir fast die Hand und dröhnte:

„Tackert!"

„Bank."

Er war ein Goliath und lächelte wie ein Kind. Seine Stimme schien aus einem Kanalisationsschacht zu kommen. Auf einem Fahrrad mußte er eine komische Figur abgeben, und der grünweiße Polizeikombi vor dem Haus ging bestimmt in die Knie, sobald er sich hinter das Steuer wälzte. Aber inmitten von ängstlichen und ratlosen Menschen würde er ein Fels in der Brandung sein.

Wir gingen in seine Privatwohnung hinüber, um ungestört und bei einem Cognac – einem guten, wie er mir versicherte –, unsere Sache zu bereden. Zuerst kamen die Sätze, die man so herausplätschert, wenn zwei Kollegen der gleichen großen Berufsfamilie sich zum ersten Mal treffen. Ich erfuhr, daß er aus einer Gegend südlich der Elbe hier angeschwemmt worden war und bereits zwölf Jahre lang seinen Dienst in Tarrafal versah. Bisher ohne einen Fall von Brandstiftung, wie er betonte. Er wolle bis zu seiner Pensionierung hierbleiben – lieber verzichte er auf Beförderung. Die Inselsprache, in der die Einheimischen immer noch kauderwelschten, habe er nicht lernen können. Trotzdem käme er mit den Leuten gut zurecht. Verheiratet, ein einziges Kind, ein Mädchen. In der Saison rücke man zusammen, damit die Frau an Feriengäste vermieten könne. Das täten hier alle – er lächelte entschuldigend.

Danach kamen wir zur Sache. Er fischte eine lange Pappröhre aus der Ecke, zog den Deckel ab, schüttelte den Inhalt auf den Tisch.

„Zwei Pfeile, zwei Karten mit roten Hähnen – das ist alles, was ich in der Hand habe", sagte er. „Die Leute haben ein Schreckgespenst daraus gemacht, das von Mal zu Mal unheimlicher wurde. Geheimhalten läßt sich in diesem Dorf nichts", fügte er gespielt grimmig hinzu.

Zwei rote Hähne! Bis jetzt die einzigen Zeugen dafür, daß mehr als ein Unglück vermutet werden konnte: Verdacht auf Brandstiftung.

Ich hatte nun die stummen Zeugen zu befragen, mußte an ihnen herumrätseln: Fingerabdrücke? Bestimmt zu viele! Würde kaum weiterhelfen. Nach dem Schützen waren Pfeile und Karten wahrscheinlich von vielen Händen berührt worden: von Sönderup, seiner Frau, den Nachbarn. Auch Tackert hatte sie in der Hand gehabt. Und Peter Sönderup konnte mir nicht mehr mitteilen, wem er diese Dinge gezeigt hatte.

„Hat Sönderup Ihnen erzählt, wem er diese Rote-Hahn-Pfeile noch zeigte?"

„Das hat er nicht. Aber es ist wahrscheinlich, daß er sie anderen zeigte. Mich benachrichtigte er erst zwei Stunden nach den Funden."

Trotzdem! Ich machte mich mit meinem Reisebesteck an die Arbeit. Tackert beobachtete mein Tun, als hätte er einer Zigeunerin auf die Finger zu schauen.

Ich hatte ein Netzwerk von Fingerabdrücken erwartet – besonders auf den glatten Karten. Aber was ich auch erwartete, das nicht: keine Abdrücke!

„Gar nichts!" sagte ich und schaute Tackert verblüfft an. „Es hätten doch Fingerabdrücke drauf sein müssen. Abgewischt!"

„Versteh ich nicht", sagte Tackert hilflos.

„Ich auch nicht", gab ich wahrheitsgemäß zu.

Wann und warum? Alle Abdrücke abzuwischen entbehrte der Logik – wenigstens im Sinne des Täters. Wann? Bevor Sönderup seine Funde an Tackert weitergab? In Takkerts Amtszimmer? Unwahrscheinlich!

„Sie haben die Sachen doch unter Verschluß gehabt?"

„Natürlich", bestätigte er, „drüben im Schrank meines Amtszimmers. Den Schrank hielt ich immer verschlossen, wenn ich nicht im Zimmer war. Ich habe die Pappröhre erst kurz vor Ihrer Ankunft herausgenommen und in diesem Raum bereitgestellt.“

Ich wollte später darüber nachdenken. Vorläufig war es für mich das zweite Anzeichen dafür, daß etwas faul war. Die Pfeile. Ich schob sie mit den Fingerspitzen nebeneinander. Fast gleich lang, etwa achtzig Zentimeter, schätzte ich. Bei beiden hatte der unbekannte Hersteller einen Nagel als Spitze eingeschoben. Jeder – gleich ob Kind oder Erwachsener – konnte ohne Mühe einen solchen Rohrpfeil in kurzer Zeit zusammenbasteln. Das Material war überall zu finden. Für den Bogen zum Schießen nahm man einen biegsamen Weidenstock und ein Stück Bindfaden als Sehne – leicht zu beschaffen. Und Schilfhalme gab es in diesem Dorf übergenug.

Der Pfeil vom 11. 10., durch einen Klebezettel markiert, unterschied sich in einer Kleinigkeit von dem anderen: Ihm fehlte die Kerbe, die jeder Junge anschneidet, um seinem Pfeil die rechte Führung auf der Bogensehne zu geben. Zufall ...?

„Es könnte bedeuten, daß dieser Pfeil nicht von einem Bogen abgeschossen wurde.“

„Könnte! Aber auch ohne Kerbe läßt sich ein Pfeil abschießen, wenn ein großes Hausdach ein Ziel ist, das man von der Straße aus kaum verfehlen kann.“

Es war wohl zu früh, mit Kleinigkeiten herumzujonglieren, wenn man noch so wenig Überblick hatte wie ich.

Ich nahm mir die beiden Karten vor, legte sie nebeneinander: Hähne mit aufgerissenen Schnäbeln und zwei gespreizten Schwanzfedern. So wie sie da auf ihren Papierrechtecken lagen, flockig rot, mit unscharfen Rändern, so etwa hatte ich den Kartoffeldruck aus meiner Schulzeit in Erinnerung.

„Könnten Sie die Umrisse eines Hahns aus einer Kartoffel herausschnippeln?“

„Bewahre!“

Tackert legte seine beiden Hände auf den Tisch. „Ich? Mit meinen Kohlenschaufeln? Nicht mal in Wochen würde ich das fertigbringen!“

„Kinder können es“, sagte ich.

„Warum wollen Sie unbedingt auf Kinder hinaus!“ wandte Kollege Tackert knurrend ein. „Es gibt genügend Erwachsene mit geschickten Fingern. Sie waren auch mal Schulkinder. Oder sie könnten ihren Kindern zugeschaut haben.“ Ich nickte zustimmend, war aber nicht überzeugt.

Die rechte Karte gehörte zu dem Pfeil ohne Kerbe. Dieser Hahn unterschied sich erheblich von seinem Nachbarn. Zwar war die Größe fast gleich, doch Hahn Nr. 2 zeigte plumpere, ja, ungeschicktere Umrisse und eine schmutzigfleckige Rotfarbe.

„Warum zwei verschiedene Hähne?“ Ich stellte die Frage gleichermaßen an mich wie an Tackert.

„Meine Tochter hat sich mal darüber beklagt, daß Kartoffeln schnell austrocknen und dann als Druckstempel nichts mehr taugen“, sagte er. „Man muß eine neue Kartoffel zuschneiden, und damit wird der Druck ganz anders.“

„So?“ sagte ich.

Tackerts Erklärung hörte sich gut an. Aber ... Warum druckte der unbekannte Drucker nicht mit der ersten Kartoffel genügend Karten auf Vorrat? Warum? Ein Drucker und zwei verschiedene Kartoffeln? Oder zwei verschiedene Drucker mit je einer Kartoffel? Ein Kind? Ein Erwachsener? Komisch, wenn man als Kriminalist über Kartoffeln nachdenken mußte ...

Jetzt wollte ich etwas über Markus Unschlitt erfahren. „Zu diesen Gerüchten, Herr Tackert. Was ist dran? Was können Sie mir über Markus Unschlitt berichten. Sie nannten den Namen ...“

„Ja, ich nannte ihn. Aber nicht gern.“ Tackert machte ein unglückliches Gesicht, und der Sessel ächzte unter seinem Gewicht, als er sich nach vorn beugte. „Sie wären ohnehin auf dieses Gerede gestoßen. Gerüchte, wie sie in jedem Dorf umlaufen, wenn – wenn solche Dinge passieren. Ich glaube nicht daran. Dieser Junge, der Markus, hat einen schweren Schock erlitten: Vor einem halben Jahr nahm sich sein Vater das Leben! Seitdem ist der Junge völlig umgekrempelt, wird nicht damit fertig. Die Mutter übrigens auch nicht. Sie kränkelt, zieht sich vom Leben zurück, soviel ich weiß. Und aus all dem machen die Leute dann ..."

„Von Anfang an", bat ich.

Er sah mich unbehaglich an und begann: „Ich kenne sie alle, die hier im Dorf herumrennen und größer werden. Markus Unschlitt ist nur einer von ihnen. Er wurde noch in der Kinderkarre ausgefahren, als man mich nach Tarrafal versetzte. Er ist mit meiner Sylvie in einem Alter – ein Vierteljahr älter. Sie besuchen nicht die gleiche Klasse; Sylvie kam ein Jahr später zur Schule. Man sieht die Kinder heranwachsen, spricht mit der Mutter, tätschelt die Kleinen. Sobald sie laufen und krähen können, schwärmen sie aus, strolchen überall herum, und man stolpert an allen Ecken über sie. Man droht mit dem Finger; man bellt sie auch mal an. Aber ich glaube nicht, daß ich in meiner grünen Uniform jemals ein Schreckgespenst für die Kinder war. Ich wollte auch keins sein – das hätte mir meine Tochter nie verziehen. Der Dorfpolizist ... Das verstehen Sie wohl nicht ... Jumbo ..." – „Jumbo?"

„Nichts, was Sie interessieren könnte, Herr Bank."

Ich verstand den Kollegen Tackert besser, als er glaubte. Ich hatte auch meine Berufsprobleme.

Er lächelte verlegen und fuhr fort: „Ich habe ihnen gut zugeredet, wenn sie ihre Feuerchen an den falschen Platz machten. Genützt hat es nicht. Ich habe sie nach Hause geschickt, wenn sie zu spät noch im Dunkeln herumstreunten. Ich habe auf die andere Seite geschaut, wenn sie Birnen und Äpfel klauten, die doch keiner erntete. Und ich habe sie zusammengestaucht, wenn ich sie ohne Licht auf den Fahrrädern erwischte. Sie wuchsen heran, Herr Kollege, während man uns einen Stern nach dem anderen gab ... Markus war gewitzter als die meisten – ein Anführer, dem man gern folgte. Meine Tochter sagt, Markus ist ein heller Kopf, der mühelos lernt. Titus Unschlitt, der Vater, war ein unsteter Mensch, dem die Leute gern verziehen. Ein Luftikus, der in keinem Beruf Fuß fassen konnte. Gab das Geld mit leichter Hand aus – manchmal mehr, als er verdiente, wurde gesagt. Es ging auf Kosten der Frau. Weibergeschichten gab es auch, aber nicht hier im Dorf. Der Junge liebte und bewunderte seinen Vater. Und das muß zu Titus Unschlitts Gunsten gesagt werden: Mit seinem Sohn beschäftigte er sich viel, überraschend viel für einen Mann, der sich selbst der Nächste war. Sie segelten, wanderten, fischten – genau das, was Kindern Abenteuer verschafft. Ja, und dann geschah es: Titus Unschlitt erhängte sich vor einem knappen halben Jahr in Hageldorns Kastanie genau vor Peter Sönderups Wohnzimmerfenster. Selbstmord! Nicht dran zu rütteln. Ich selber habe ihn abschneiden müssen. Warum er seinem Leben so plötzlich ein Ende setzte, weiß niemand. Aber es wurde viel darüber geredet: von Geld und Schulden bei Peter Sönderup. Gerede! Titus Unschlitt war nicht der Mann, der sich um Schulden allzu große Sorgen machte. Warum er sich ausgerechnet die Kastanie für seinen Selbstmord aussuchte, ist nicht zu erklären. Die Leute wollten Peter Sönderup eine geheime Schuld andichten. Ein Abschiedsbrief wurde nicht aufgefunden. Wucherzinsen, sogar Erpressung – die unmöglichsten Gerüchte gingen um. Ich hörte einiges, obwohl die Leute mir gegenüber vorsichtiger mit den Worten umgingen. Ich habe ihnen nahegelegt, daß sie besser den Mund hielten, wenn sie nicht eine Anzeige wegen Verleumdung riskieren wollten. Sie wissen ja selber: Gerüchte wachsen wie Unkraut; wenn man es an einer Stelle ausrupft, wuchert es zwei Schritte davon entfernt ungebrochen weiter. Niemand hat selber etwas gesagt – nur gehört. Von irgend jemand. Von wem denn noch ...?

Wenn man nachfragt, weist ihr Gedächtnis gerade an dieser Stelle eine Lücke auf ... Mir ist dieser Selbstmord unerklärlich; aber das Dorfgeschwätz trifft die wahren Gründe bestimmt nicht. Bald nach Titus Unschlitts Tod begannen diese Streiche, die man Peter Sönderup spielte: des Nachts geheimnisvolles Geklopfe, zerbrochene Fensterscheiben, einen umgesägten Birnbaum im Garten, ein Wetterhahn verschwand vom Hausdach und zuletzt dann diese Pfeile mit den roten Hähnen."

Und zum Abschluß ein Feuer mit einem Toten! fügte ich in Gedanken hinzu.

„Erstattete Sönderup Anzeige?" fragte ich.

„Zunächst nicht. Erst bei der Wetterhahn-Geschichte lief ihm die Galle über, und es gab eine Anzeige gegen Unbekannt."

„Und fanden Sie etwas heraus?"

„Nichts."

Du wirst dir auch keine sonderliche Mühe gegeben haben! dachte ich.

„Haben Sie Markus Unschlitt befragt?"

„Ja, Markus behauptet fest, er sei es nicht gewesen."

„Glaubten Sie ihm?"

„Ich konnte ihm nichts nachweisen. Also mußte ich ihm glauben", sagte Tackert steif. „Kriminalistische Recherchen sind nicht meine Stärke. Sie wissen ja – ich bin bloß Dorfpolizist."

„Schon gut", besänftigte ich ihn.

Die Tür ging auf, und ein zierliches Mädchen wehte ins Zimmer. Sie hielt sich nicht lange mit der Vorrede auf.

„Vati, ich brauche Geld für einen Zeichenblock."

„Meine Tochter Sylvie." Tackert sagte es zärtlich. Dann wühlte er in seiner abgegriffenen Börse herum und legte ihr ein Geldstück in die Hand. Das Mädchen ließ ihre flinken Augen herumgehen – über den Tisch mit den ausgebreiteten Gegenständen, über mich. Dann hauchte sie dem Riesen einen Kuß in den Nacken, nickte mir zu, tänzelte wieder hinaus. Ich nahm meinen Faden wieder auf.

„Was wissen Sie über Sönderup?"

„Er war ein Außenseiter, mit dem das Dorf nicht recht fertig wurde. Ein Sonderling, der sich wenig um andere kümmerte. War meistens schroff, konnte aber auch überraschend liebenswürdig sein. Eigentlich kein Ekel, jedenfalls habe ich ihn nicht für eins gehalten. Sönderup ist in jungen Jahren von einer Nachbarinsel herübergekommen und wurde von einem kinderlosen Ehepaar adoptiert. War Sparkassenleiter, als solcher nicht beliebt, aber ungewöhnlich tüchtig in seinem Fach. Spekulierte glücklich in Aktien, wurde immer gesagt. Er vermietete nicht an Sommergäste – das gilt in Tarrafal als Zeichen für besonderen Wohlstand. Selbst Polizisten vermieten ... Ich sagte es ja. Alles zusammen: Ein Mann, der sich nicht seiner Umgebung anpaßte, der gegen den Strom schwamm und darum Gerede und Neider auf sich ziehen mußte. Seine Frau ist ein stilles, mausgraues Frauchen, das in seinem Schatten welkte. Mehr kann ich Ihnen nicht sagen."

„Hatte Sönderup Feinde? Gibt es Menschen, die Grund hatten, ihn zu hassen? Streit? Ernsthafte Meinungsverschiedenheiten?" Ich schoß eine Serie von Fragen ab, die ich immer wieder stellte.

Die Fragen behagten Tackert nicht. Die Kaumuskeln bewegten sich in seinem klobigen Gesicht, während er sich seine Antworten zurechtlegte. Er rauchte umständlich eine Zigarre an.

„Ich kann Ihnen keine Namen nennen. Nicht für einen ernsthaften Feind. Sie ..." Er zögerte, als sei es ihm widerwärtig, kleine Dorfgeheimnisse an Fremde weiterzugeben. Ich war für ihn ein Fremder. „Sie werden es wohl von anderen hören, daß Peter Sönderup und Niklas Hageldorn sich nicht gewogen waren. Dabei ging das wohl mehr von Sönderup aus. Jeder nannte den anderen einen alten Narren – dabei waren beide keine. Sönderup betrat den Laden seines nächsten Nachbarn nicht. Es gab einen Streit zwischen den beiden um eine Straßenlaterne. Jeder wollte sie auf seiner Straßenseite aufgestellt wissen: Sönderup an der Ecke, Hageldorn in Höhe seines einzigen Schaufensters. Man fand einen Mittelweg: auf Sönderups Straßenseite vor Hageldorns Schaufenster. Wollen Sie daraus eine wirkliche Feindschaft konstruieren? Ich nicht."

„Merkwürdig, daß niemand den Feueralarm ausgelöst haben will", sagte ich. „Vielleicht war's der Brandstifter selber. Aus Angst oder Schrecken über das, was er tat, gab er Alarm. Oder er kalkulierte die Wirkung des Windes ein und wußte genau, daß Sönderups Haus nicht mehr zu retten sein würde. Später verschwieg er diese Tatsache, weil er nicht zugeben konnte, daß er in der Brandnacht auf der Straße war."

„Mag sein", sagte Tackert. „Ich habe überall herumgefragt und nichts herausgefunden. Vielleicht haben Sie mehr Erfolg."

Zwölf Jahre Polizist in einem Ort! Seine Tochter wuchs hier auf. Er spielte Skat und kegelte mit ihnen ... Da konnte man nicht so mißtrauisch sein wie ein ortsfremder Kriminalist.

Ich wollte noch einmal in den Ameisenhaufen hineinstochern, auch wenn es ihm nicht paßte.

„Herr Tackert", sagte ich, „über ‚glauben' haben Sie mir schon Ihre Meinung gesagt. Trotzdem: Halten Sie es für möglich, daß Markus Unschlitt das Feuer gelegt hat?"

„Ich habe alles berichtet, was ich verantworten konnte. Ich weiß, was man von mir erwarten darf. Was nun kommt, ist Ihr Geschäft, Bank. Damit habe ich nichts zu schaffen." Er ballte die Fäuste, daß sie wie knorrige Baumstubben zwischen uns auf der Tischplatte lagen. „Ich hoffe, daß es nichts anderes als ein Unglück war! Daß es keinen Brandstifter gibt! Und wenn nicht, daß Sie einen Brandstifter von wer-weiß-woher beschaffen – nur nicht aus Tarrafal. Gut, ich bin Polizist – Hüter der Ordnung ... Ach, machen Sie daraus, was Sie wollen!"

Er möchte nicht, daß Markus Unschlitt verdächtigt wird, dachte ich. Er hat meine Frage umgangen, nicht beantwortet. Warum? Verschwieg hier der eigene Mann schon etwas? Komische Situation, wenn der Kollege einen Funken Mißtrauen entzündete.

Ich ließ mir eine Liste von Namen geben, die es lohnte zu befragen: Hageldorn, Sellmer, Küppers. Und Unschlitt natürlich. Gesichter, die ich sehen wollte, Stimmen, deren Glaubwürdigkeit ich prüfen mußte.

Zuerst benötigte ich eine Unterkunft – nicht zu teuer, wenn es ging. Ich versuchte mit meinen Spesen auszukommen. Als ich Tackert um Rat bat, druckste er etwas herum, sagte, bei ihm leider nicht ... Weil sich noch ein Gast für die späte Jahreszeit angesagt hätte, einer, der jedes Jahr käme ... Sonst wäre ich in seinem Hause willkommen gewesen. Ich hätte das Angebot ohnehin abgelehnt. Ich will unabhängig sein, wenn ich unterwegs bin.

Schließlich sagte Tackert: „Am besten, Sie fragen mal bei Lene Steenkamp an. Ihr altes Haus steht am Ostende des Dorfes – ein sehenswertes Haus, auch von innen. Und eine bemerkenswerte Frau, klug, aber nicht leicht mit fertigzuwerden. Raucht Zigarren, spielt einen brillanten Skat, ist die lebende Chronik von Tarrafal. Was sie nicht weiß, werden Sie nirgendwo erfahren – nur fragt sich, ob sie reden will. Wenn Lene Steenkamp aus Tarrafal Gefallen an Ihnen findet, Herr Bank, werden Sie wie im Himmel wohnen und Ihre Spesen sparen."

Polizeiobermeister Tackert lächelte hintergründig.

Na gut! Ich verabschiedete mich und ließ mir den Weg

zur Brandstätte beschreiben. Die wollte ich noch in Augenschein nehmen, bevor ich diese Lene Steenkamp aufsuchte. Seine Begleitung lehnte ich ab.

Es ist immer dasselbe: Ich komme, wenn alles passiert ist. Kalter Brandgeruch, der überall zu kleben scheint, leitet mich an den Tatort. Verkohlte Balken, zerborstenes Glas, geschwärzte Mauerreste – Zerstörung erwartet mich. Manchmal auch Menschen, die mit rotverquollenen Augen immer noch in den Trümmern herumstochern, oder obdachlose Katzen, wie hier.

Ein Kater mit dickem Kopf und krummem Buckel hockte auf einem Baumstumpf und starrte dorthin, wo vor zwei Tagen noch sein angestammter Katzensessel gestanden hatte. Als ich näherkam, sprang er ab und hinkte entlang dem Gerippe einer verkohlten Buchsbaumhecke davon.

Das Feuer hatte alles vertilgt, was in seiner Reichweite gewesen war.

Mein Blick streifte den Baumstumpf, den der Kater geräumt hatte: eine Schnittfläche, noch hell, nicht sehr alt. Der umgesägte Birnbaum im Garten! Lieferte ein Erwachsener einen solchen Streich? Unwahrscheinlich! Es sei denn, er wollte den Streich eines Jugendlichen vortäuschen. Möglich war alles. Andererseits mußten Feuer und Streiche nicht unbedingt zusammenhängen, auch wenn sich einem der Gedanke aufdrängte.

Es ging stark auf den Abend zu. Lange wollte ich mich nicht an diesem Platz aufhalten. Trümmer und Brandgeruch regen meine Gedankenarbeit nicht an. Brandstätten sind mehr eine Fundstätte für Spezialisten der Technik und der Feuerwehr, die eine Brandursache heraussieben – oder auch nicht.

Ich habe mich mit Menschen zu befassen, mit dem, was sie sagen und ob sie die Wahrheit sagen.

Niemand zeigte sich in meiner Nähe, und doch glaubte

ich zu spüren, daß ich von verborgenen Augen beobachtet wurde. Im Haus, das an den Garten grenzte, wedelte die Gardine des Eckfensters. Gegenüber, über die Straße hinweg, drängten sich zwei undeutliche Gesichter hinter dem Glas der Ladentür. „Niklas Hageldorn – Kolonialwaren" verkündete ein Schild über dem schmalbrüstigen Schaufenster. Feriengäste würden diesen Kramladen gewiß „entzükkend" nennen. Ob der Mann immer noch Salzheringe aus dem Faß verkaufte oder Grüne Seife aus der Tonne?

Ich war jetzt drei Stunden in Tarrafal, lange genug, um von Haus zu Haus zu signalisieren: Einer von der Kripo ist da! Wohlige Schauer der Spannung und Neugierde rannen ihnen über die Rücken. War einer dabei, bei dem sich Neugier mit Furcht mischte?

In Tarrafal ist nichts geheimzuhalten ... Polizeiobermeister Tackert wußte, was er sagte. Aber irgend jemand bemühte sich, sein Tun geheimzuhalten. Und bis jetzt war es ihm auch gelungen.

Der Baumriese gegenüber schob seine Äste fast über die halbe Straßenbreite: Hageldorns Kastanie, der Unglücksbaum! Vierzig Meter von mir entfernt hing vor einem halben Jahr ein Mensch an einem Strick. War das der Ausgangspunkt?

Ich wanderte langsam um das Trümmerfeld herum, suchte mir wie ein ungeübter Bergsteiger einen Weg durch das herumliegende Geröll. Und ich spielte die Rolle, die meine heimlichen Zuschauer von mir erwarteten: Der Kriminalist sucht Spuren! Ich blieb stehen, schaute mit schiefgeneigtem Kopf hierhin und dahin, beugte mich hin und wieder ruckartig nach unten, stocherte, schob Trümmer beiseite, hob etwas auf, betrachtete lange. ... Er hat was gefunden! Was bloß?

Ich fand etwas: roten Mohn! Ein Bild mit rotem Mohn hinter Glas – unbeschädigt. Ein Indiz dafür, daß unerklärliche Zufälle ein Ding unversehrt aus einer Feuerhölle entrinnen lassen können. Das war meine ganze Ausbeute. Ich hatte meinen Rundgang gerade beendet, als quer durch den Garten ein langer dünner Mann auf mich zu eilte. Er kam aus dem Haus mit der wedelnden Gardine. Ich ging ihm nicht entgegen. Leute, die von allein kommen, soll man kommen lassen.

„Küppers ist mein Name, David Küppers. Chef der hiesigen Feuerwehr", flüsterte er atemlos. „Sie sind doch von der Kriminalpolizei. Stimmt's?" Er rückte unangenehm nahe an mich heran, als sei ich sein Mitverschwörer.

„Ja", sagte ich, „Bank. Vom Brandermittlungsdezernat."

Als Feuerwehrchef war ihm meine Dienststelle bekannt. Wir arbeiten, was die Brandursache angeht, mit den Feuerwehren zusammen. Er wußte ebenfalls, daß einer von uns baldmöglichst in den Brandort geschickt wurde. Nicht schwer zu erraten, daß ich derjenige war. Von den Dorfbewohnern würde wohl kaum einer nachdenkliche Rundgänge um eine kalte Brandstätte machen.

Küppers stand auf meiner Liste. Er kam von selber, ohne daß ich ihn rufen oder aufsuchen mußte. Er redete gern, fand ich bald heraus.

„Hören Sie, wir von der Feuerwehr haben bei unserer Untersuchung nichts gefunden, und wir wissen, wonach wir suchen müssen. Verlassen Sie sich drauf! Hab' solch ein Feuer noch nie erlebt! Ein Vulkan, war nicht zu stoppen, und meine Leute sind erstklassig. In einer guten Viertelstunde war alles vorbei. Mein eigenes Haus wäre fast draufgegangen – Funkenflug, verstehen Sie ..." Er zog den Kopf zwischen die mageren Schultern, um ihn dann schlangengleich wieder vorzuschnellen. „Wenn Sie meine Meinung wissen wollen: Ich sage trotzdem Brandstiftung! Und zwar eine ganz raffinierte."

„Ihre Meinung ist mir sehr wertvoll", bemerkte ich glattzüngig. Solche Leute mußte man zum Reden ermuntern;

manchmal fand sich etwas Brauchbares zwischen vielen überflüssigen Worten. „Sie sind doch Fachmann, Herr Küppers. Warum tippen Sie so sicher auf Brandstiftung? Ihre Goldgräberei hat doch keine Beweise dafür erbringen können, wie Sie selber sagten."

„Goldgräberei? Ach, so ..." Er lachte meckernd, hörte aber nach einem Augenblick auf, als sei es unpassend, in Gegenwart verkohlter Balken zu lachen.

„Na, wissen Sie", zischelte er vertraulich. „Drei rote Hähne auf Peters Hausdach und nach dem dritten brannte es – reicht das etwa nicht?"

„Vielleicht –", murmelte ich unverbindlich. Von den roten Hähnen waren meine Brandstiftungs-Überlegungen auch ausgegangen.

Nur reichte mir das nicht! Von mir erwartete man mehr als bloße Vermutungen.

Ob er Sönderup gut gekannt, die Pfeile und die Karten gesehen, sie in der Hand gehalten habe?

Natürlich, natürlich – sogar alle drei. Eine Drohung, sonnenklar. Scheußlich, daß sie eintraf ...

Wie es mit der ersten Karte gewesen sei? Ob die Abbildung des roten Hahns der auf der zweiten oder der auf der dritten Karte geglichen hätte?

Was für komische Fragen ich stellte ... Hahn sei bei ihm Hahn. Unterschiede seien ihm nicht aufgefallen. Warum? Ob das wichtig wäre?

„Wichtig nicht", sagte ich. „Hat Sönderup sich über diese roten Hähne geäußert? War er wütend? Fühlte er sich bedroht?"

„Wütend war er! Peter, hab' ich gesagt, nimm das nicht auf die leichte Schulter. Halte die Augen offen, hab' ich gesagt. Ich will es auch tun. Und ..."

So ging es noch eine Weile weiter. Was Peter gesagt hatte ... Was er dazu gesagt hatte ... Und was Peter wieder darauf antwortete ...

Ein Schwätzer! Aber manchmal lohnte es sich, auch einem Schwätzer geduldig zuzuhören.

Ob er Sönderup gut gekannt, mit ihm in guter Nachbarschaft gelebt habe?

In bester Nachbarschaft! Ein prächtiger Mann sei Peter Sönderup gewesen. Ein Mann, mit dem sich über Finanzen reden ließ. Ein Jammer, daß es so kommen mußte. Hatte etwas „an den Hacken", wenn ich wüßte, was er damit meine: Geld! Und nicht zu knapp! Na ja – vielleicht kein Mensch, der es mit allen Leuten hielt. Aber er und Peter hätten sich großartig verstanden, sich gegenseitig Tips gegeben: Aktien und so ... Küppers Stimme wurde immer leiser, als spräche er von Geheimnissen, die man eigentlich nur in geschlossenen Räumen weitergeben durfte.

Nach Aktien sah er mir nicht aus.

„Herr Küppers, ich weiß, daß man ungern Namen ausspricht: Haben Sie einen Verdacht?"

Ich merkte es, obgleich er es geschickt tarnte – die Frage behagte ihm. Er zögerte, pendelte abwägend mit dem Kopf, preßte die Lippen zusammen, spielte mir eine schwere Gewissensentscheidung vor.

„Wenn Sie mich so direkt fragen, muß ich wohl ... Ich sag's nicht gern. Aber wo Sie doch auch nur ihre Pflicht tun: Nehmen Sie diesen Markus Unschlitt mal unter die Lupe!" Der erste wollte nichts preisgeben. Der zweite sprach den Namen aus. Ich hätte ihn lieber vom Kollegen Tackert gehört.

Ich faßte nach, wollte Beobachtetes, wollte Tatsachen von ihm. Aber wie ein schleimiger Aal glitt er mir immer wieder durch die Finger.

Ja, Peter Sönderup hätte auch an Markus Unschlitt gedacht. (Gedacht! Einen Toten konnte ich nicht mehr befragen!) Er, Küppers, habe nichts gesehen. Irgendwann mal vor dem Brand einen huschenden Schatten vom Wohnzimmerfenster aus, ja. Kein Gesicht, nichts, um einen Eid darauf zu leisten. (Mit Leuten ohne Gesicht und anderen, die nichts beschwören wollten, hatte ich dauernd zu tun.) In der Brandnacht sei er von der Sirene aus einem festen Schlaf gerissen worden und blitzschnell in die Uniform gefahren. Draußen erst habe er das Schreckliche gesehen: das brennende Nachbarhaus! Seine Schlafzimmerfenster gingen zur anderen Seite. Ein paar Nachbarn, von roten Flammen angestrahlt. Und Christine Sönderup, im Nachthemd, weinend. Peter Sönderup noch im Haus, aber für ihn habe niemand mehr etwas tun können: eine prasselnde Flammenwand, kochende Hitze, Rauch aus zersprungenen Fensterscheiben. Man stand ohnmächtig davor. Dann sei er mit keuchenden Lungen zum Gerätehaus gerannt, um seine Leute zur höchsten Eile zu ermahnen. Sein Pflicht. Drei Wehren in kürzester Zeit zur Stelle und trotzdem zu spät. Nichts mehr zu retten ... der elende Wind.

„Herr Küppers, Sie sind Fachmann: Wie lange mag es dauern, bis sich ein Feuer zu einem unlöschbaren Brand entwickelt?“

„Rasend schnell! Strohdach und starker Wind – es dauert keine zehn Minuten, dann lodert das Dach von vorn bis hinten, und in weiteren zehn Minuten ist alles vorbei.“

Ich hatte genug. Nur eine Frage noch, und ich war gespannt, wie er sich dann benahm.

„Herr Küppers, wo waren Sie in der Brandnacht? Ich meine – vor Ausbruch des Feuers?“ Können Sie Zeugen benennen? hätte ich gern hinzugefügt, ließ es aber. Die Medizin reichte ihm auch so.

„W – was ...? Ich ...? Wollen Sie etwa damit ...“ Er war wütend, zitterte beinahe, zischte die Worte heraus. „Wollen Sie mich verdächtigen?“

Ich sagte nichts, ließ ihn schmoren.

„Verdammt noch mal! Was soll das! Ich war bei Sellmer, Anton Sellmer, dem Antiquitätenhändler. Da – da drüben!“ Er schluckte und peitschte mit dem knochigen Zeigefinger in eine Richtung schräg hinter seinem Rücken. „War nicht mal eine Stunde bei ihm, hatten Geschäftliches zu bereden. Sellmer kann alles bezeugen. Dann bin ich durch die Hintertür hinausgegangen – zum Kliff, wenn's Sie interessiert! Wollte vor dem Schlafengehen die Nase noch mal in den Wind strecken. Danach bin ich ins Bett gefallen und sofort eingeschlafen. Dagegen gibt's doch wohl nichts zu sagen, wie?"

Ich hatte eine Rakete unter seinem Hintern gezündet. Sie zischte – gleich brauste sie mit ihm ab.

„Ich begreife Ihre Aufregung nicht, Herr Küppers, das sind Routinefragen, die ich noch mehr Personen stellen muß. Als Chef einer Feuerwehr müßten Sie doch wissen, wie unsere Dienststelle arbeitet ..."

Er wollte nach mir schnappen, machte dann aber nur eine ärgerliche Handbewegung, drehte sich um und ging rasch weg.

Als Feuerwehrhauptmann mochte er nicht übel sein. Als Mensch gefiel er mir nicht. –

Über den Wall hinweg schaute ich in einen verwilderten Garten. Vielleicht sah er auch nur um diese Jahreszeit verwildert aus. Ein paar Obstbäume standen mit gebeugtem Rücken im alten Gras. Das Unkraut hatte sich überall hingeschmuggelt. Bei den Johannisbeersträuchern faulten die Reste eines alten Ziehbrunnens vor sich hin. Ein allmächtiger Efeu umklammerte das Haus von drei Seiten – das Nachtasyl für die Tarrafaler Spatzen.

An der Vorderfront tiefsitzende Fenster mit kleinen, quadratischen Scheiben – gut unter Farbe gehalten. Ein mit faustgroßen, runden Kieseln gepflasterter Weg zeigte auf den Eingang. Wie ein grüner Starenkasten zur ebenen Erde klebte der seltsame kleine Holzvorbau an der Mauer vor der Haustür. Er sollte wohl eine Art Windfang darstellen. Hier war die Zeit stehengeblieben.

Immerhin lehnte sich eine Fernsehantenne gegen den Schornstein, und ein paar elektrische Leitungsdrähte führten ins Haus. Daraus schloß ich, daß ich wohl doch nicht bei Petroleumlampenschein meine Notizen machen mußte. Vorausgesetzt, daß die Dame mir überhaupt ein Zimmer vermietete.

Noch bevor ich anklopfen konnte, öffnete sich die Tür. Lene Steenkamp war hager und knochig, mit weißem Haar über einem dreieckigen Gesicht. Dennoch strahlte sie Kraft aus.

„Aha. Der Herr von der Kriminalpolizei." Das war keine Frage – sie wußte es. Wieder jemand, der es erriet. Ich erfuhr gleich warum.

„Sie werden es mir nicht zutrauen: Ich habe ein Telefon! Ihr Kollege Tackert rief mich an und bat, daß ich Sie in meinem Haus unterbringe. Ich habe auf Sie gewartet."

Sie musterte mich mit Habichtsaugen.

„Und werden Sie mich aufnehmen? Ich bin gewöhnlich kein gern gesehener Gast."

„Kommen Sie nur herein. Schließlich habe ich Herrn Tackert darum gebeten, daß er Ihnen vorschlägt, bei mir zu wohnen." Die alte Frau sagte das so ungeniert, als sei es eine alltägliche Sache, sich Kriminalbeamte ins Haus einzuladen. „Wie darf ich Sie anreden?"

„Mein Name ist Theo Bank", sagte ich.

„Natürlich Kriminalkommissar?" meinte sie augenzwinkernd. „Das sind doch die Leute, die alle schwierigen Fälle aufklären müssen."

„Natürlich Kriminalobermeister!" korrigierte ich. „Das sind die Arbeitsbienen für die Kriminalkommissare."

Sie lachte, die Antwort gefiel ihr.

„Man empfängt mich selten so zuvorkommend, wenn ich dienstlich unterwegs bin", sagte ich, während ich mich im Flur umschaute. Ausgetretene, graue Steinfliesen im Rautenmuster verlegt; Türen mit kleinen, ovalen Gucklöchern, die an Schiffsbullaugen erinnerten; schwere Füllungen, die auf massives Eichenholz hindeuteten; ungewohnte Farben

– ein sattes, strahlendes Blau, ein ausgelaugtes Graugrün, ein seltsames Fleischrot.

„Siebzehnhunderteinundfünfzig erbaut und innen fast original erhalten. Steht unter Denkmalschutz“, erklärte Lene Steenkamp. „Was Ihren Empfang angeht: Neugierde! Ganz gewöhnliche Neugierde. In meinem Alter schaut man auf das, was andere tun; selbst erlebt man nichts Bedeutsames mehr. Darum möchte ich einen Jäger bei der Jagd beobachten.“ –

„Wollen Sie noch immer bei mir wohnen?“

„Jetzt gerade!“ antwortete ich.

„Dann will ich Ihnen Ihr Zimmer zeigen. Einen Schnaps können wir später zusammen trinken.“

Meistens wohne ich in den genormten Streichholzschachteln der Hotels. Dieses Zimmer war ein Juwel aus Urgroßmutters Zeiten. Niedrige, unverschalte Balken, olivfarbene Decke mit handgemalten Blumenornamenten, ein wuchtiger Kleiderschrank, der von Profilen strotzte. Auf einer Kommode segelte in einem Glasgehäuse das Modell einer Dreimastbark über Wellen aus Gips. Das Bett war hochbordig und breit wie eine spanische Galeone.

„Hoffentlich verträgt sich antik mit moderner Kriminalistik“, sagte Lene Steenkamp, nachdem sie mir genügend Zeit gelassen hatte, alles mit den Augen abzutasten. „Aber so unmodern, daß Sie sich draußen am Ziehbrunnen waschen müssen, bin ich nicht eingerichtet. Am Ende des Korridors ist ein Badezimmer; Sie dürfen es benutzen. Meine Küche ist auch nicht schlecht. Sie können bei mir essen – als mein Gast. Es reicht für zwei.“

Ich konnte meine Verwirrung nicht ganz verbergen. Sie drehte sich noch einmal in der Tür um.

„Machen Sie sich keine Gedanken über meine Polizistenfreundlichkeit. Sie können es gutmachen, indem Sie mir ab und zu abends Gesellschaft leisten. Mein Papagei ist nur ein Notbehelf. Sie wissen: Ich bin neugierig.“

Sie schloß die Tür und ließ mich allein.

Unterkunft. Mittagsgast ohne Bezahlung. Was wollte diese Lene Steenkamp von mir? Was steckte dahinter? Hatte sie selber etwas zu verbergen? Wollte sie jemanden abschirmen? Markus Unschlitt? Oder war sie tatsächlich die neugierige Alte, für die sie sich ausgab?

Bank, dachte ich, paß auf, daß sie dich nicht mit Haut und Haaren frißt ...

Ich stellte meinen Koffer in die Ecke und trat an das Fenster. Das Haus gegenüber war nicht alt und schön: Kurz nach der Jahrhundertwende erbaut, schätzte ich. Für die Breite zu hoch, sah es aus, als stünde es auf Stelzen. Das flachgeneigte Pappdach lag wie ein schwarzer Deckel auf einem roten Topf. Die Fenster hatte man gewaltsam in die Länge gezogen und ihnen dann, erschrocken über das Mißverhältnis, einen flachen Bogen aufgestülpt.

Im Haus gegenüber wohnte Markus Unschlitt.

Markus Unschlitt: Die Tage danach

Zwei Klopftöne! – Pause – Ein Klopfton! – Pause – Zwei Klopftöne! Unser Signal!

Wir hatten es verabredet für den Fall, daß wir dringend miteinander sprechen wollten. Ich klappte das Heft zu und riß das Fenster auf.

„Der von der Kripo ist da", sagte Sylvie atemlos.

„Rasch – erzähl!"

„Er sitzt bei uns im Wohnzimmer und trinkt mit Jumbo Cognac. Die Pfeile und unsere roten Hähne liegen vor ihnen auf dem Tisch. Sie haben schon nach Fingerabdrücken gesucht und wundern sich jetzt, daß keine drauf sind. Müßten eigentlich welche drauf sein, behauptet der Kripomann – welche von Sönderup, von den Nachbarn, von Jumbo ... Verstünde er nicht, sagte Jumbo. Der andere konnte es sich auch nicht erklären. Du, ich hab' 'ne ganze Weile vor der Tür gestanden und gelauscht, hab' aber nicht alles mitbekommen und behalten können, was die beiden beredet haben. Von dir haben sie auch gesprochen. Aber Jumbo hat nichts Schlechtes über dich gesagt, Markus. Bestimmt nicht! Er wurde sogar ziemlich grantig, als ihn der andere über dich ausquetschen wollte – du weißt schon ... Sagte, er wünschte, daß es überhaupt keinen Brandstifter gäbe, besonders keinen aus Tarrafal. Zwischendurch bin ich mal rein gegangen und hab' mir von Jumbo Geld für einen Zeichenblock geholt. Dabei hab' ich mir den Mann angeschaut – du, gegen meinen Vater ist der ein Zwerg. Jetzt muß ich schnell noch den Zeichenblock besorgen. Wollte dir nur zuerst Bescheid sagen."

„Danke", sagte ich.

„Tschüs", sagte sie.

Da wunderten sich zwei, daß sie keine Fingerabdrücke fanden – ich nicht. Sylvie hatte sie abgewischt, und das war ihre Idee gewesen. Sie redete mir ein, die Fingerabdrücke müßten weg, danach würde immer zuerst gesucht. Von Jumbo hatte sie gehört, daß diese Abdrücke eine Art Visitenkarte wären – so als hätte man seinen Namen mit Adresse zurückgelassen. Ich sollte mir keine Sorgen machen – sie würde das für mich tun. Wo die Schlüssel hingen, wüßte sie.

Alles in Ordnung! versicherte mir Sylvie einen Tag später auf dem Schulhof. Sie hätte die Pfeile und Karten gründlich mit einem Lappen abgerieben.

Jumbo Tackert sagte nichts Schlechtes über mich. Und wenn er zehnmal Polizist war.

Ich rede sonst nicht darüber: Vor etwas über einem Jahr habe ich Sylvie aus dem Wasser geholt! Im letzten Augenblick, bevor es zu spät war.

Das hatte sich auf der Anlegebrücke in Nordermarsch zugetragen, einem baufälligen Holzsteg an der Bucht, zwei Kilometer nordwestlich von Tarrafal. Mein kleines Boot lag da an der Boje vertäut. Ich wollte nachsehen, ob das Wasser schon über den Bodenbrettern stand. Die vergangenen drei Tage hatten viel Regen gebracht. Sylvie und ich trafen uns zufällig. Drei dicke Damen in prallgefüllten Hosen standen auch noch auf der Brücke. „Wundervoll", sagten sie zu den Wellen, die mit Schaum im Maul gegen die Brücke anstürmten. „Wie niedlich", sagten sie zu den Möwen, die ihnen mit heiserem Geschrei die Brotstücke aus den Fingern rissen. Nicht niedlich – gefräßig waren die Biester. Sylvie turnte ziemlich leichtsinnig auf den Pollerköpfen herum. Ich bin sonst kein Kindermädchen; aber ich warnte trotzdem: „Paß auf, daß du dir keine nassen Klamotten holst." – „Paß du auf dich selber auf, Markus Unschlitt!" bekam ich zur Antwort. Da konnte man nichts machen. Dann mußte ich dringend austreten; ich hatte es mir schon zu lange verkniffen. Als ich wieder aus dem Holzhäuschen herauskam, hörte ich das Geschrei schon von weitem: „Hilfe! Hilfe!" Zwei von den Dicken rannten wie unklug auf dem Brückenende herum. Die dritte kam mir entgegengekeucht. „Sie kommt nicht wieder hoch! Ich rufe den Rettungswagen.“ Sylvie! Ich ahnte, was sich zugetragen hatte und sprintete los. „Wo?“ fragte ich nur und hatte schon die Schuhe herunter, bevor mir zwei Hände zugleich die Stelle zeigten. Ich hechtete ins Wasser. Springflut und Wind hatten so viel Wasser durch das Nordtief gedrückt, daß es einen Meter über Normal vor der Brücke stand. Die Wellen rührten den Schlick auf, und als ich die Augen aufriß, sah ich kaum etwas in der trüben Brühe. Ich konnte tauchen wie ein Seehund, lange untenbleiben. Vater hatte mir beigebracht, wie man langsam die Luft abblasen muß. Ich fand sie nicht, tauchte auf, atmete durch, sog neue Luft in die Lungen. Über mir starrten zwei Masken aus weit geöffneten Augen – stumm. Ich rollte nach vorn über und tauchte mit dem Kopf zuerst weg. Diesmal fand ich Sylvie sofort. Sie hing unter einem von diesen verdammten Querbalken halb hinter dem Poller und wurde von den Wellen hin und her geschaukelt. Ich zerrte! Ich bekam sie nicht los! Irgendwo hakte das Kleid. Die Luft wurde mir knapp – ich mußte noch einmal nach oben. Aber beim dritten Versuch schaffte ich es. Ich packte sie unter den Armen, stemmte mich mit den Füßen vom Balken ab, zog, riß sie los. Sollte das Kleid zum Teufel gehen! Sie war leicht an die Wasseroberfläche zu bringen, hing schlaff wie eine Stoffpuppe in meinen Armen. Ich mußte sie um den Brückenkopf herumziehen nach hinten an die flache Böschung; denn nur dort konnte ich sie an Land schaffen. Es war nicht leicht, bei dem Wellengang. Die beiden Dicken warteten auf mich und halfen mir, Sylvie über die Steinböschung zu ziehen. „Blut!“ schrien beide. Und dann sah ich es auch – rot quoll es aus Sylvies rechtem Oberarm hervor! Der ganze Arm war blutverschmiert. Sie mußte sich beim Sturz an einem Nagel verletzt haben; die Balken und Poller waren ja voll von diesen gefährlichen Fleischhaken. Ich zog mein Turnhemd aus und würgte es um die Wunde. Dann versuchte ich das

Wasser aus Sylvie herauszuschütteln und begann danach ihre Arme auf und nieder zu pumpen. „Der Wagen muß gleich da sein", sagte die dritte Frau. Hoffentlich! Sylvie wollte sich nicht bewegen, schlug die Augen nicht auf. Ich wußte nicht, was ich sonst tun sollte und die Frauen auch nicht. Herausholen hatte ich sie können – jetzt lag sie da … Dann kam der Unfallwagen mit zwei Sanitätern. „Wie lange war das Mädchen im Wasser?" fragte einer. Ich wußte es nicht. „Nicht mal vier Minuten", antwortete eine von den beiden Frauen, die auf der Brücke geblieben waren. Ich ging weg. Ich konnte nicht mitansehen, wie sie an ihr herumhantierten. Aber sie holten Sylvie ins Leben zurück – mit dem Pull-Motor, glaub ich. Dann schoben sie die Bahre in den Wagen und fuhren ab. Später erfuhr ich, daß Sylvie auch noch eine Beule am Kopf hatte; sie mußte unten irgendwo aufgeschlagen sein und die Besinnung verloren haben. Die drei Dicken schnatterten und pumpten mich in dem Strandcafé mit heißem Kaffee voll. – Vom Landrat bekam ich eine Belobigung und ein Buchgeschenk. Jumbo Tackert schenkte mir neue Segel für mein Boot. Und Sylvie … Seit der Geschichte trafen wir uns öfter.

Und seitdem hatte ich bei Jumbo Tackert einen Stein im Brett, den so leicht keiner wegrollte.

Es war eine gute Idee von mir, den Pappkarton zur Tarnung auf Sellmers Schuppendach zu stellen. Nach dem Brand lagen überall so viele Dinge verstreut, daß ein Pappkarton auf einem Schuppendach nicht sonderlich auffiel.

Dahinter lag ich auf der Dachpappe, und die feuchte Kälte kroch durch die Kleider bis an meinen Bauch heran. Das Genick tat mir weh. Ich hielt den Kopf schon fast zehn Minuten lang steif im Nacken, um den Mann durch das kleine Loch im Karton zu beobachten. Wie ein Badegast sah er nicht aus. Fast alle Gäste waren in Schwärmen abgezogen, und mit ihnen verschwanden ihre Autos und Pudel.

Ich hatte diesen Mann noch nie zuvor in Tarrafal gesehen. Also Kriminalpolizei!

Sylvies Beschreibung stimmte. Er war klein und mager. In seinem grauen Mantel sah er einer frierenden Nebelkrähe ähnlich. Den Kragen hochgeschlagen, die Hände in den Manteltaschen, stand er lange Zeit auf einem Fleck und starrte mit rundem Rücken auf die verräucherten Reste, die das Feuer übrigließ.

Er stand vor Sönderups Hintertür – da, wo diese einmal gewesen war. Jetzt gab es nur noch eine eingestürzte Mauerlücke, und durch das Loch zeigte ein verkohlter Balkenrest wie ein schwarzer Zeigefinger zu David Küppers' Haus hinüber. Ich wußte, wie es an dieser Stelle ausgesehen hatte. Zu oft war ich um Peter Sönderups Haus herumgestrichen. Die Hintertür bestand aus zwei Hälften; man konnte beide zusammen oder sie auch einzeln öffnen. Unten hatte der Tischler ein rechteckiges Loch eingeschnitten, damit die Hauskatze kommen und gehen konnte, wie es ihr paßte.

Peter Sönderup würde nicht mehr auf der unteren Tür lehnen und den Zigarrenrauch in die Gegend blasen. Und Sönderups Kater konnte nicht mehr ins Haus, weil es kein Haus und kein Katzenloch mehr gab.

Glaubte der Mann, daß sich aus den Trümmern ablesen ließ, was wirklich geschah? Und wenn er noch tagelang hier stehenblieb – der Schutthaufen erzählte ihm nichts!

Hageldorns Kastanie konnte nicht reden.

Und ich wollte nicht reden.

Die Kastanie hatte mir ein halbes Jahr lang gute Dienste geleistet. Nun brauchte ich sie nicht mehr. Um diese Jahreszeit bot sie nur noch bei Nacht ein gutes Versteck. Zu viele ihrer Blätter klebten, von Autoreifen festgewalzt, auf der Straße oder hingen zerlumpt in den Heckenrosen, und nur ein paar klammerten sich noch an die Zweige. Tagsüber war Anton Sellmers Schuppendach das bessere Versteck.

Ich brauchte mich nur auf dem sanft abfallenden Pappbelag langzumachen, dann verbarg mich eine niedrige, dreiseitige Brüstungsmauer. Von oben konnte man mich nicht entdecken; denn nach der Seite zum Schuppen hin zeigte Sellmers Haus keine Fenster. Wenn ich's vorsichtig anfing, erreichte ich den Platz auch bei Tag, ohne daß mich einer sah. Ich nahm den Kliffweg, kletterte bei dem halbblinden Kapitän Sievers über den Wall, rannte durch seinen verwilderten Garten an den Südwall, und wenn sich niemand zeigte, schräg über die Straße in Sellmers Garten. Dort drückte ich mich hinter die kleine Holzlaube und wartete ab. Minna Sellmer schusselte häufig im Garten herum. Zuletzt mußte ich noch eine kleine Strecke hinter den Johannisbeerbüschen entlangkriechen, bis an die Wallecke –, dann auf den Wall und mit einem Sprung aufs Dach.

Alle unsere Häuser ducken sich hinter hohen Steinwällen. Und alle Bäume verbeugen sich nach Osten, weil der Westwind sie dazu zwingt. Nur Hageldorns Kastanie hält den Rücken gerade – die schafft der Wind nicht.

Jetzt drehte sich der Mann einmal um sich selbst, schaute zu Küppers hinüber, dann zu Hageldorn, zu Sellmer ...

Er kam an der verkohlten Buchsbaumhecke entlang auf mich zu. Unwillkürlich schloß ich das Auge. Unsinn! Das Loch im Karton war nur knopfgroß. Mein Auge sah er bestimmt nicht.

Vor dem Schuppen schwenkte er nach rechts ab. Einen Augenblick sah ich sein Gesicht von der Seite – eine große Nase in einem kleinen Gesicht. War er klug oder schlau? Verstand er sein Fach? Ob er einen Revolver in der Manteltasche trug?

Er entfernte sich wieder von mir, wich den Trümmern aus, hielt an, bückte sich, schwankte weiter ...

Ich mußte grinsen. Aber nicht über ihn. Mir fiel plötzlich ein, was Anton Sellmer da unter meinem Bauch in seinem Schuppen gelagert hatte: Gerümpel! Aus dem Leim gegangene alte Stühle, rostige Kutschenlaternen, Urgroßmutters Blumentöpfe und Petroleumfunzeln, verschimmelte Pferdegeschirre, eiserne Bügeleisen, die man früher mit Kohlenglut fütterte. Das alles trug Sellmer von Dachböden und aus Schuttkuhlen zusammen und stapelte es in seinem Schuppen auf. Im Winter machte er sich darüber her, wusch den Dreck ab, kratzte, flickte, bürstete, pinselte und – im Frühjahr waren Antiquitäten draus geworden. Dann brauchte er nur auf den Schwarm der Badegäste zu warten und ihnen unverschämte Preise zu nennen – die wollten es nicht besser. Ich selber hatte gesehen, wie einer von ihnen Anton Sellmer für eine alte Positionslaterne die Geldscheine nur so in die Hand rieseln ließ. Geld wie Dreck mußten die Leute verdienen, denn wie mit Dreck gingen sie damit um.

Der Mann nahm die Hände aus den Hosentaschen und klaubte irgend etwas aus dem Schutt, rieb daran herum, drehte das Ding in den Händen.

Was mochte er gefunden haben? Ich konnte den Gegenstand aus der Entfernung nicht erkennen. Mein Fernglas hatte ich nicht dabei, weil sich damit schlecht durch ein kleines Loch schauen ließ.

Er stand da, wo Peter Sönderup so oft hinter dem Fenster in die Nacht hinausschaute.

Ob ihm der Birnbaumstumpf aufgefallen war?

Der Birnbaum ...

Jetzt war nur noch ein Stumpf vorhanden. Aber noch bis spät in den Juli hinein war es ein Birnbaum gewesen, der frühe und viele Früchte trug. Zuerst wollte ich dem Alten in einer Nacht alle Birnen klauen. Aber wie sollte ich diese Fracht transportieren? Und wohin mit den Birnen? Verschenken konnte ich sie nicht, und außer Sylvie und Tante Lene traute ich niemandem zu, daß er den Mund halten konnte.

Mein zweiter Plan war besser.

In einer windigen Nacht wickelte ich unseren großen

Fuchsschwanz in meinen Bademantel, setzte die Pudelmütze auf und stieg aus dem Fenster. So liefen die Kinder der Gäste auch noch spätabends herum. Ein paar knallharte Regenschauer hatten die Spaziergänger in die Zimmer oder in die Autos getrieben. Motorengeräusch war günstig für das, was ich vorhatte, und nasse Kleider nahm ich in Kauf. Ich kam ungesehen in Sönderups Garten. Die Schlafzimmerfenster gingen auf die andere Hausseite hinaus. Ich zwängte meinen Rücken in die Buchsbaumhecke hinein; so brauchte ich nur den Arm auszustrecken, um die Säge hin- und herzuziehen. Jedesmal, wenn sich die Autos bei Dirksen um die scharfe Ecke tasteten, strichen die Lichtfinger ihrer Scheinwerfer über mich hinweg. Und wenn dann die Motoren im ersten Gang aufheulten, machte ich, daß ich mit meiner Sägerei vorankam. Über eine Stunde mußte ich aushalten mit gekrümmtem Rücken und feuchter Kleidung. Dann zog ich das Sägeblatt aus dem Schnitt, wickelte die Säge in meinen Bademantel ein, bog meinen Rücken gerade und verabschiedete mich mit einem kräftigen Stoß. Als Sönderups Birnbaum auf die Erde krachte, war ich schon an der Buchsbaumhecke vorbei, nahe an Sellmers Schuppen. – Der Mann warf weg, was er in der Hand gedreht hatte. So wichtig konnte der Fund nicht gewesen sein.

Hoffentlich verschwand er bald! Mein linker Arm war eingeschlafen, und Kopf und Auge konnte ich nur noch vor dem Guckloch halten, wenn ich die Zähne zusammenbiß.

David Küppers!

Er machte sich an den Kriminalbeamten heran, sprach auf ihn ein. Sie redeten lange miteinander. Ich konnte kein Wort von ihrer Unterhaltung verstehen, obwohl ich mir alle Mühe gab. Sie redeten über mich ... bestimmt!

Sie trennten sich.

Sie gaben sich nicht die Hand.

Ich hätte diesem Küppers auch nicht die Hand gegeben, wenn ich der Kriminalbeamte gewesen wäre.

Der Mann im grauen Mantel verließ Sönderups Grundstück, schwenkte nach rechts ein und noch einmal nach rechts. Er kam den Weg zwischen Sönderup und Hageldorn herauf.

Vor Hageldorns – vor meiner Kastanie blieb er stehen.

Hob den Kopf, betrachtete die Baumkrone.

Immer noch ...

Und jetzt den langen Ast ...

Wußte er das von Vater? Hatte Jumbo Tackert es ihm erzählt?

Er trat nahe an den Steinwall heran, lehnte sich mit dem Rücken dagegen.

Er nahm die Hände aus den Taschen. Er riß ein Streichholz an, das sofort wieder erlosch. Nicht genügend Zündmasse, oder eins von den mickrigen Stäbchen, die abbrechen, sobald man mit ihnen an der Reibfläche entlangfährt. Noch ein Streichholz ... Die Zigarette glühte auf.

Er blies den Rauch auf die Brandstelle zu.

Zwei rote Hähne waren aus der Kastanie abgeflogen und hatten sich auf Sönderups Dach gesetzt. Der dritte Hahn kam nicht durch die Luft geflogen. Er wurde in das Dach gesteckt – ganz einfach mit der Hand ...

Du zielst schon richtig, dachte ich.

Und dann gab es in der Brandnacht einen glühenden Punkt – etwas größer als seine Zigarettenglut. Wenn er davon wüßte und noch ein bißchen mehr, könnte er bald abreisen ...

Er stieß sich vom Wall ab, ging bis zur Straßenmitte. Drehte mir den Rücken zu, machte ein paar Schritte rückwärts, als könnte er sich nicht vom Anblick der Kastanie trennen.

Dann wendete er mir wieder sein Gesicht zu und marschierte los. In Richtung Kliff. Er verschwand aus meinem kleinen Guckloch, und ich versuchte gar nicht erst, den Karton mitzudrehen. Als ich den Kopf vorsichtig an der

Seite vorbeistreckte, sah ich gerade noch, wie sein Hut an der Brüstungsmauer untertauchte.

Im selben Augenblick rutschte ich vom Dach, nahm mir unten noch die Zeit, meine Arme und Beine gründlich auszuschlenkern. Zwei Minuten Vorsprung konnte ich ihm geben. Ich wußte Abkürzungen genug, um ihn überall rechtzeitig wieder in Sicht zu bekommen.

Von Sellmers Nordwall aus sah ich seinen Rücken wieder. Er schlenderte nicht wie ein Badegast; er schritt tüchtig aus, wie jemand, der sein Ziel kennt. Die Richtung stimmte. An der T-Kreuzung mußte er nach rechts abbiegen und geradeaus über die nächste Kreuzung gehen – dann kam er an unserem Haus vorbei. Vielleicht hatte Jumbo ihm den Weg beschreiben müssen.

Ich machte, daß ich durch Kapitän Sievers' Querweg den Kliffsteig erreichte; der lief wie ein kleiner dünner Bruder neben der Straße her. Auf die Weise konnte ich meinen Mann wie ein Schatten begleiten.

Und wenn ich mich nun verrechnete? Wenn er in den zweiten Querweg einbog? Dann mußten wir zusammenprallen! Und was wäre dabei? Er kannte mich ja noch gar nicht, hatte mich nie gesehen.

Er ging geradeaus. Geradeaus bedeutete: zu mir! Warum glaubte ich das so sicher? Hatte ich Angst vor seinen Fragen? Ja, ich hatte Angst. Denn es gab noch eine Menge, was ich mir gut überlegen mußte!

Ich rannte schneller, überrannte beinahe eine Frau in langen roten Hosen, die mir entgegentrödelte. Ich stürmte bei Bäcker Franzen in den Feldweg hinein und kam mit Seitenstechen hinter Lene Steenkamps Haus wieder heraus.

Ich wühlte mich in die Reetgarben hinein, zupfte mir einen Spalt zum Durchschauen zurecht. Die Kreuzung konnte ich übersehen und Tante Lenes Hausfront. Wenn ich den Kopf ein wenig drehte, auch unsere hintere Gartenpforte. Aber er klopfte bestimmt nicht an die Hintertür; er würde den Vordereingang nehmen wie Mutters Kunden.

Warum kam er nicht? War er umgekehrt?

Er ließ sich mehr Zeit, als der Weg erforderte, wenn einer so ausschritt wie er.

Die Warterei regte mich auf.

Gewiß hatte er meinen Namen schon in den ersten zwei Stunden gehört. Ganz Tarrafal flüsterte ihn.

Ich begann zu wünschen, daß er erst morgen käme. Oder besser übermorgen ...

Mutter ... Würde sie ohnmächtig werden, wenn sie die Tür öffnete und einer sagte: „Ich möchte Ihren Sohn sprechen, Frau Unschlitt – Kriminalpolizei!“

Er kam immer noch nicht um die Ecke.

Sobald er die Kreuzung geradeaus überquerte, mußte ich schnell durch unsere Hintertür ins Haus flitzen. Vielleicht konnte ich ihn an der Vordertür abfangen, bevor Mutter dazukam.

Meine Hände wurden feucht.

Ein verdammter Halm stach mir in den Nacken. Ich rutschte in dem engen Käfig hin und her, versuchte den lästigen Halm abzustreichen.

Was würde er fragen?

Wo ich in der Brandnacht gewesen war?

Oder fragte so einer gleich, ob ich es getan hatte?

Sah er einem an, wenn man log?

Es war nicht so gewesen, wie alle anderen vermuteten. Sylvie glaubte es nicht. Tante Lene glaubte es nicht. Jumbo wollte es nicht glauben. Und Mutter wußte von alledem nichts ...

Jetzt! Jetzt tauchte er auf: Kopf und Schultern sah ich, alles andere verdeckte Tante Lenes Wall.

Rechts? Links? Geradeaus ...?

Links!

Nach links bog er ab, kam auf mich zu. Damit hatte ich

am wenigsten gerechnet. Was wollte er? Doch durch die Hintertür zu uns? Mich konnte er nicht sehen; dazu hätte er Radaraugen haben müssen.

Er kam näher.

Blieb stehen.

Stellte Koffer und Aktentasche ab. Drehte unserem Haus den Rücken zu, betrachtete Tante Lenes windschiefe Kate. Jetzt fehlte nur noch, daß er ein Foto schoß, wie acht von zehn Feriengästen.

Was hatte das zu bedeuten? Tante Lene! Plötzlich stand sie vor der Tür.

Der Mann nahm Koffer und Aktentasche auf, ging auf sie zu, lüftete den Hut ...

Der Wind trug mir zu, was sie redeten. Teufel! Ich träumte doch wohl nicht?

Er sollte bei ihr wohnen ...

Ein Kriminalpolizist! Bei Tante Lene!

Ich drängte mein Gesicht noch weiter nach vorn. Das Reet kitzelte meine Backen. Ich mußte einen Niesreiz abwürgen. Theo Bank hieß er ...

Kriminalobermeister war er ...

Das hörte ich noch; dann schloß sich die Tür hinter den beiden.

Ich verstand das alles nicht. Tante Lene hatte mit Jumbo telefoniert? Den Mann in ihr Haus eingeladen? Warum tat sie das? Sie war doch sonst nicht so schnell mit den Einladungen bei der Hand!

Tante Lene war klug. Sie ließ sich auch von einem Kriminalbeamten nicht einwickeln. Im Mittelalter hätte man sie bestimmt als Hexe verbrannt – weil man anders nicht mit ihr fertig wurde. –

Drei Sachen mußte ich noch erledigen. Und von den drei Sachen konnten die Mathematikhausarbeiten am längsten warten.

Zuerst Sylvie.

Diesmal klopfte ich unser Zeichen an ihre Fensterscheibe. Sylvie war im Zimmer.

Sie öffnete das Fenster.

„Sei bloß leise“, empfing sie mich. „Jumbo stampft mit dickem Kopf in der Wohnung herum. Er fürchtet sich vor dem, was sein Kriminalkollege herausfinden könnte, glaub ich. Ist unruhig wie ein Tiger im Käfig, murmelt vor sich hin. Selbst Mutter kann ihn nicht beruhigen. – Gibt's was Neues?“

„Ja. Ich weiß, wo der Mann wohnt. Halt dich fest: bei Tante Lene im Haus!“

„Ich werd verrückt!“

„Wäre ich auch fast geworden, als ich das Gespräch vom Reethaufen aus mithörte“, sagte ich. „Aber dann dachte ich: Wer weiß, wofür es gut ist. So kann ich ihn besser beobachten.“

„Und er dich! Vergiß das nicht“, erinnerte Sylvie mich. „Du, Mark, wir müssen uns unbedingt morgen treffen.“

„Deshalb bin ich ja hergekommen: morgen um drei am Findling!“

Unser Treffpunkt war der große Findling am Süderhaff – aus mehreren Gründen ein idealer Platz. Wir mußten mit dem Rad hinfahren. Dafür waren wir dort draußen allein. Höchstens ein paar Schafe starrten uns mit gelangweilten Gesichtern nach. Ich durfte nicht vergessen, nach dem Tidenkalender zu schauen ...

„Ich werde da sein. Moment ... Schnell, verschwinde! Ich höre Jumbos Schritte. Oder möchtest du mit ihm reden?“

„Fällt mir nicht ein!“ sagte ich und war mit vier Schritten um die Hausecke herum.

Ich machte kein Licht im Zimmer an.

Drüben bei Tante Lene war die ganze Fensterreihe erleuchtet. Im Gästezimmer – in seinem Zimmer brannte Licht!

Vom Dachboden bis zum Keller kannte ich dort drüben jeden Winkel und jedes Möbelstück, kannte mich ebensogut aus wie in unserem eigenen Haus.

Jetzt ging im Gästezimmer das Licht aus. Tante Lenes Fenster wurden dunkler: Sie hatte die elektrische Lampe ausgeknipst und saß nun bei Petroleumlampenschein. Das tat sie oft, wenn sie nicht gerade lesen wollte.

Ich stützte die Ellenbogen auf die Fensterbank und stellte das Fernglas ein. Würde Kriminalobermeister Bank ausgehen? Oder wollte er mit Tante Lene sprechen?

Seine Fenster blieben dunkel. Zum Schlafengehen war es noch zu früh. Fünf Minuten wartete ich, das Glas vor den Augen. Aber er tauchte nicht in der Haustür auf. Also saß er bei Tante Lene in der Wohnstube. Sehen konnte ich die beiden nicht; ihre Petroleumlampe verbreitete nicht genug Licht.

Ich konnte mich an die Arbeit machen.

Ich zog meine Vorhänge zu, schaltete die Lampe ein. Am besten, ich erledigte es auf einem Zeitungsblatt ...

Mutter saß in der Wohnstube vor dem Fernseher.

„Bin gerade beim Rest“, antwortete ich. „Mathematik – muß ein paar Dreiecke konstruieren. Ich will lieber eine Zeitung unterlegen. Die Ausziehtusche schmiert so.“ Das war eine ziemlich lahme Erklärung. Aber Mutter prüfte sie bestimmt nicht nach. Mutter hatte viel für Sauberkeit übrig.

„Ist gut“, sagte sie. „Laß es nicht zu spät werden.“

Ich breitete ein Doppelblatt auf meinem Tisch aus und legte das aufgeklappte Bordmesser daneben. Dann schloß ich die Tür ab. Falls Mutter an die Klinke fassen sollte, konnte ich immer noch sagen, ich hätte den Schlüssel gedankenlos herumgedreht.

Vom obersten Bücherbord langte ich mir die Vase herunter und schüttelte die große, halbe Kartoffel auf das Papier. Sie war verschrumpelt, kurz vor dem Verfaulen, fühlte sich gummiartig an. Die Schnittebene wölbte sich nach innen, und das schmutzig-rötliche Etwas war kaum mehr als Hahn zu erkennen. Der Druckstempel für den dritten und letzten Hahn! Es war ein schlechter Hahn – schlecht, weil ich ihn fabriziert hatte. Sylvie konnte es besser. Warum hatte ich den Stempel überhaupt aufbewahrt? Ich wußte es nicht mehr. Ich wußte nur, daß ich ihn mir jetzt schnell vom Hals schaffen mußte! Und die Karte mußte auch verschwinden! Ich zog den Duden aus der Bücherreihe heraus, ließ von hinten die Seiten durch die Finger rieseln, bis ich bei H den Hahn fand. Die Karte lag zwischen den Seiten „Hahn" und „Hammer" – genau dort, wo ein Hahn hingehört. Die Zeit für Späße war vorbei. Die Karte mußte den gleichen Weg gehen wie die Kartoffel.

Und die Kartoffel zerschnitt ich in kleine Würfel. Aus der Karte mit Sylvies rotem Hahn machte ich Schnipsel. Dann trug ich das Häufchen auf der Zeitung in die Toilette, schüttete auch die letzte Krume ins Becken, spülte zweimal nach.

Jetzt konnte Herr Bank gern kommen und mein Zimmer durchsuchen. Rote Hähne gab es bei mir nicht mehr.

Ich hätte es auch anders machen, die Karte verbrennen und die Kartoffel im Garten verscharren können. Vielleicht wären neue Kartoffeln draus geworden – auch halbe Kartoffeln treiben oft aus. Aber so hatte ich alles in einem Arbeitsgang erledigt.

Morgen mußte ich Sylvie davon erzählen. Sie hatte ein Recht darauf: Sie hatte nämlich den roten Hahn entworfen, ihn mit ihren geschickten Fingern in die Kartoffel geschnitten und die Karten gestempelt.

Sylvie wollte überhaupt alles von meinen nächtlichen Abenteuern erfahren. Jede Kleinigkeit mußte ich ihr berichten: wie die Blätter raschelten ... Ob eine Katze miaut hatte ... Wen ich alles gesehen hatte ... Ob mein Herz klopfte, wenn ich mich vor einer plötzlich auftauchenden Gestalt hinter den nächsten Wall werfen mußte ... Nicht selten erfand ich noch etwas dazu, schilderte alles unheimlicher und aufregender, als es sich in Wirklichkeit zugetragen hatte. Aber um nichts in der Welt hätte ich sie überreden können, mit mir in Hageldorns Kastanie zu steigen. Ihr erzählte ich gern ... Sie rückte nahe an mich heran ...

Vielleicht tat ich es doch nicht nur aus Rache – auch Sylvie zuliebe war ich nachts unterwegs.

Bei der Idee mit dem roten Hahn hatte Sylvie zuerst Bedenken gehabt. „Mark“, sagte sie, „das ist ... Droht man dann nicht mit Feuer? Du willst doch nicht Sönderups Haus anstecken?“

„Ich will ihm Angst einjagen – richtige Angst! Weiter nichts“, erklärte ich ihr.

Dann brannte Peter Sönderups Haus, und er kam in den Flammen um. Gleich danach mußte ich Sylvie schwören, daß ich es nicht getan hatte. Sie glaubte mir. Aber sie ahnte nicht, in welcher teuflischen Klemme ich wirklich steckte.

Der rote Hahn entstand auf dem Wasser in meinem Boot. Nach Vaters Tod war es mein Boot geworden. Wir ankerten hart an der zweiten Muschelbank, draußen, wo der Priel die lange S-Kurve ansetzte. Sylvie hatte an alles gedacht. In einer Plastiktasche brachte sie Bleistift, Messer, Tuschkasten, Pinsel und eine Ladung ausgesucht großer Kartoffeln mit. Und weiße Karten – Karten aus dem Haus eines Polizisten! Gut, daß es die Leute in Tarrafal nicht wußten. Dann war einige Zeit nicht mehr mit ihr zu reden. Sie schnippelte, mischte feuerrote Farbe, pinselte, machte Probedrucke, schüttelte unzufrieden den Kopf – nahm eine neue Kartoffel. Drei Kartoffeln brauchte sie, bis ihr der Hahn gelungen erschien.

Ich wartete auf die Ebbe.

Ich hatte noch etwas anderes vor.

Sylvie stempelte drei Karten mit je einem roten Hahn. „Mehr bekommst du nicht“, sagte sie. „Und ich will wissen, wo jede einzelne bleibt!“ Die restlichen Kartoffeln und die drei Stempel warfen wir über Bord, und sie wurden sofort vom Wasser verschluckt. Der Ebbstrom nahm sie mit hinaus, wühlte sie in den Schlick ein, oder noch wahrscheinlicher kriegten die verfressenen Wollhandkrabben sie zwischen die Scheren.

Morgen mußte ich Sylvie noch beibringen, daß ich selber noch einen Hahn geschnitten und gedruckt hatte, weil ich eine von ihren Karten aufbewahren wollte. Ich hätte mir die Arbeit sparen können – jetzt hatte ich Sylvies Hahn doch vernichtet.

Mein Segelboot ging flach, und wir waren so rechtzeitig losgefahren, daß wir noch an unseren Ankerplatz rutschen konnten, bevor uns das Wasser unter dem Kiel weglief. Die Ebbe hatte bald den Meeresboden freigegeben, und aus einer weiten Wasserfläche wurden Flüsse, Bäche und Rinnsale, zwischen denen es gelblich und dunkelblau emporwuchs. Die Sände streckten ihre sandigen oder muschelbewachsenen Rücken heraus. Wir konnten nach den Aalröhren schauen. Ja, Aalröhren – nicht Aalreusen! Das hört sich geheimnisvoll an und ist wohl auch für die meisten Leute ein Geheimnis. Ich habe noch nicht gehört, daß woanders als auf unserer Insel die Aale auf so raffinierte Weise gefangen werden. Dabei ist es bequemer als mit Netz oder Wurm. Das Stellnetz hängt nach jeder Tide voller Wollhandkrabben, die man mühsam herauspulen muß, weil die Biester ihre Scheren und Spinnenbeine durch die engsten Maschen stecken. Aalröhren sind nichts anderes als alte, ausrangierte Ofenrohre. Und das ganze Geheimnis besteht darin, daß man die Gewohnheiten des Aals zum Fang ausnützt und die Rohre an die richtigen Stellen zu legen versteht. Sie dürfen nicht trockenfallen; auch bei Ebbe müssen sie noch genügend Wasserdeckung haben. Und man muß die Stellen markieren, damit man seine Rohre wiederfindet. Ich tat das mit einem kräftigen, oben gegabelten Weidenast, den ich tief in das Watt hineinrammte. Der Aal kriecht gern in alle Löcher hinein – besonders der große

Aal. Darum sucht er sich auch in den Röhren einen Standplatz, zu dem er immer wieder zurückkehrt, und wenn ein Aal weggefangen wird, zieht der nächste ein. Manchmal hat ein Rohr sogar zwei Bewohner. Schwieriger wird es, ihn aus dem Rohr zu holen. Man muß ganz behutsam einen Kescher ins Wasser tauchen und den Drahtring eben über die Öffnung streifen. Mit der anderen Hand tastet man sich von der Mitte aus leise an den oberen Rand der anderen Öffnung – packt blitzschnell zu und kippt das Rohr hoch! Wenn man seinen Kescher richtig gehalten hat, windet sich ein Aal im Netz. Oder nicht – wenn keiner drinnen war.

Unser Eimer wurde halbvoll. Ein guter, wenn auch nicht glänzender Fang. Die dicksten Burschen griff ich später mit der Aalschere heraus und gab sie Sylvie mit. Jumbo aß für sein Leben gern Aale. Nur fangen mochte er sie nicht. Ich hätte ihn ohnehin nicht mit auf Fangfahrt genommen. Sein Gewicht von über zwei Zentnern vertrug mein kleines Boot nicht.

Die Sache mit den Pfeilen und den nächtlichen Schüssen muß ich genau beschreiben; denn wäre ich nicht so stur und pingelig in meinen Vorbereitungen gewesen, hätte man mich erwischt oder sonst was wäre schiefgegangen.

Mit den Pfeilen hatte ich Schwierigkeiten. Ich probierte einige Zeit herum, bis ich die richtige Länge, den Platz für die Rote-Hahn-Karte – überhaupt die Machart herausfand. Aber es mußte sein. Meine Pfeile sollten gut in der Luft liegen und ihr Ziel erreichen. Als Spitze feilte ich einen Nagel scharf an, drückte ihn in das Schilfrohr und leimte ihn mit Uhu-hart fest. Das Schilf zog ich aus Tante Lenes Stapel. Mit dem Bogen machte ich keine großen Umstände: ein frischgeschnittener Weidenstock und etwas Angelsehne genügten. Zwei Kerben am Stock, ein Sehnenende festgebunden und das andere zu einer Schlinge geknotet, so daß ich den Bogen schnell spannen und entspannen konnte. Meine Schießübungen erledigte ich am menschenleeren

Süderhaff. Vom Flutsaum klaubten wir – Sylvie begleitete mich – Seetang zusammen, schichteten es zu einem großen Haufen auf, der mir anstelle eines Daches als Ziel dienen sollte. Sorgfältig schritt ich die Entfernung ab, auf die ich später schießen mußte. Während ich übte, schaute Sylvie von Zeit zu Zeit über die Deichkrone, um uns vor Überraschungen zu sichern. Mit gewöhnlichen Pfeilen zu schießen war keine Kunst und hätte auch keine besonderen Übungen erfordert. Die im Pfeil eingeklemmte Karte brachte Schwierigkeiten mit sich. Aber ich fand den Trick dann doch heraus: Man mußte mit senkrecht gehaltenem Bogen schießen, die Karte genau parallel zum Stock ausrichten, die Hand tief unter dem Pfeil ansetzen, den Daumen nach oben ...

Dann wartete ich auf eine windstille Nacht, damit mein Pfeil nicht aus der Flugrichtung abgedrängt wurde.

Diese Nacht kam.

Ich legte mir alles zurecht. Ich löste die Schlaufe vom Bogen, richtete den Stock wieder gerade; denn ein gespannter Bogen ließ sich schlecht verbergen. Eine Reservesehne wickelte ich auf ein Pappstück, Stock und Pfeil drehte ich zusammen in Packpapier ein. Die Rote-Hahn-Karte brachte ich in der Brusttasche meines Anoraks unter. Das lange Bündel schob ich stramm unter die Achselhöhle und drückte es mit dem ausgestreckten Arm leicht an meine rechte Körperseite. So machte ich mich auf den Weg. Halb zwölf zeigte meine Uhr, als ich über Hageldorns Wall schaute. Ringsum waren die Fenster dunkel. Die Stunde war richtig abgepaßt; schließlich hatte ich die Zubettgehzeiten in dieser Dorfecke lange genug studiert. Meine Handgriffe tat ich besonnen und ohne Eile. Ich wickelte mein langes Paket aus, faltete das Papier zu einem handgroßen Ballen, schob ihn tief in die Gesäßtasche, schloß den Knopf. Man kann über meine sture Bedächtigkeit lachen, aber ich glaube, nur weil ich alles so genau plante und mich an meinen

Plan hielt, erwischte man mich nicht. Ich spannte den Bogen, schob die Karte in den Pfeil und lehnte dann Bogen und Pfeil an den Stamm der Kastanie, um mir einen geeigneten Abschußplatz auszusuchen. Ich fand ihn: Oben auf dem Wall, drei Meter links von der Kastanie, kam mir der lange Ast nicht in die Schußlinie, und ich konnte mein Ziel, die Giebelecke, in gerader Richtung anvisieren. Ich klemmte mich zwischen die Heckenrosen, suchte einen sicheren Stand, legte den Pfeil auf die Sehne, lauschte einen Augenblick gebückt, ob nicht doch irgendwo Schritte knirschten. Dann hob ich den Bogen, richtete die Karte aus, zielte ... ließ los! Die Sehne zirpte leise, und ein bleiches Irrlicht segelte über die Straßenbreite, senkte sich, setzte sich auf Peter Sönderups Dach. Ich warf den Bogen nach hinten und schaute durchs Glas: Der Pfeil steckte einen Meter vom Giebel entfernt im Reet – ein guter Schuß. Sönderup mußte eine Leiter anlegen, um ihn dort herunterzupflücken.

Vier Wochen wartete ich, bis ich den zweiten Pfeil schoß. Diesmal glückte der erste Schuß nicht – die Karte hakte, der Pfeil landete auf Sönderups Wall. Ich holte ihn mir und schoß von der Straße aus. Und eine Woche später steckte ich den dritten und letzten Pfeil mit der Hand in Sönderups Dach, um eine Panne zu vermeiden. –

Tante Lenes Petroleumlampe brannte immer noch. Und dort drüben saß er jetzt.

Der Kriminalobermeister ... Der Mann im grauen Mantel ...

Ich werde ihn „Graueule“ taufen, dachte ich.

Sylvie wird kichern ...

Theo Bank: Ein Gespräch mit Lene Steenkamp

Sie wußte etwas! Das spürte ich. Ich war kein Anfänger in meinem Beruf.

Ich sah das Fernglas. Es lag zwei Armlängen von mir entfernt auf der Fensterbank, ragte noch eben hinter dem Blumentopf mit den Löwenkopfgriffen hervor. Ein griffbereites Fernglas auf der Fensterbank . . . Beobachtete sie das Haus gegenüber? Beobachtete sie Markus Unschlitt? Aus Sorge um ihn? Aus Neugierde?

Sie hatte eine Petroleumlampe zwischen uns auf den Tisch gestellt. Dabei gab es überall im Haus elektrisches Licht. Die Lampe verbreitete einen warmen, gelben Schein und ließ Halbdunkel um uns herum. Die niedrige Decke fiel mir fast auf den Kopf. Den Papageienkäfig sah ich nicht; aber der Papagei murmelte vor sich hin.

Sie schenkte uns einen Likör ein. Er schmeckte herb und bitter, machte meine Zunge rauh wie Sandpapier.

„Schlehenlikör nach einem alten Rezept. Selbstangesetzt“, sagte sie und schaute mich über die Lampenkuppel hinweg ruhig an. „Dann fangen Sie mit Ihren Fragen an. Sie wollen doch fragen?“

„Ja“, sagte ich, „deshalb hat man mich hergeschickt – wegen der Fragen und besonders wegen der Antworten.“

Womit fing ich an? Am besten mit ihr! „Leben Sie schon lange in Tarrafal, Frau Steenkamp?“

„Ich wurde in diesem Haus geboren, lebte ein Leben lang hier, und man wird mich auch wohl aus diesem Haus hinaustragen.“

„Allein?“

„Ja, allein. Pensionierte Postbeamtin. Unverheiratet. Ich hinke, so lange ich denken kann. Und ich bin froh, wenn mich einer ‚Tante‘ nennt.“

Ein Leben lang allein . . . War sie verbittert? Sie hätte gern Kinder gehabt – einen Mann und Kinder, glaubte ich aus ihren Worten herauszuhören. Ganz versteckt flimmerte ein Lächeln in ihren Augen, als wollte sie sich über mich lustig machen.

„Kannten Sie Peter Sönderup?"

„Hier kennt jeder jeden. Aber ich kannte Peter besser als die meisten. Seine Frau ausgenommen. Ich war mit ihm verlobt – vor fünfzig Jahren. Er heiratete eine andere – Christine. Ich habe geweint, geflucht, ihm die Pest an den Hals gewünscht und mehr. Ein gutes Motiv für eine Brandstiftung, Herr Bank."

„Nicht so gut, wie Sie denken. Vor fünfzig Jahren, sagten Sie? Es ist *zu* lange her!"

„Ja", sagte sie, „ich hätte fünfzig Jahre Zeit dazu gehabt, ihm das Dach über dem Kopf anzuzünden. Aber ich tat es nicht."

„Hatte Sönderup Feinde? Diese Frage muß ich immer wieder stellen."

„Er mag welche gehabt haben. Ich kann keine nennen. Feinde, wie Sie sie suchen, geben sich nicht zu erkennen."

Sie hatte recht. Feinde, die zu einer Brandstiftung fähig sind, sind auch fähig, ihren Haß zu verbergen. Wir redeten noch eine Weile darüber, aber es kam nichts Wichtiges für mich dabei heraus. Die Lampengeschichte zwischen Hageldorn und Sönderup war ihr bekannt; sie tat den Vorfall als Lappalie ab – wie Kollege Tackert.

Dann stellte *sie* eine Frage.

„Gibt es denn keine andere Möglichkeit als Brandstiftung? Oder *wollen* Sie unbedingt nach einem Brandstifter suchen?"

Es wurde Zeit, daß ich ihr erklärte, wie ich meine Aufgabe sehen mußte. Bei ihr lohnte es sich.

„Noch weiß ich wenig, Frau Steenkamp", begann ich. „Ich weiß weder ob es Brandstiftung noch ob es keine war – ich habe das herauszufinden. Ich suche nach Tatsachen und Erklärungen. Und *wenn* es Brandstiftung war, kann ich mir meinen Täter nicht aussuchen. Mir sind schon Fälle begegnet, da hätte ich es gern getan. Ich darf niemanden beschuldigen, wenn ich nicht Beweise für seine Schuld, ein Geständnis, oder am besten beides vorweisen kann. Ich muß Menschen befragen, die nicht reden wollen und andere, die zuviel reden. Man sieht mich lieber gehen als kommen. Aber man spricht schnell von Unfähigkeit, wenn ich keinen Täter abliefern kann – besonders derjenige, dem Leid oder Unrecht geschah. Sie wissen, daß wir noch über Markus Unschlitt sprechen müssen ... Ob Sie mir glauben oder nicht: Mir ist es ziemlich widerwärtig, wenn ich auf einen jugendlichen Täter Jagd machen muß. Ich habe selber Kinder. Aber das sind *meine* Probleme ...“ Ich sprach das aus, was ich auch dachte; doch ich sagte fast nie etwas ohne Absicht, wenn ich im Dienst war. Hoffentlich nützte es mir. Ich brauchte ihre Hilfe und ihre Brille, um damit hinter die Gardinen der Tarrafaler Häuser zu schauen. „Ich werde ihnen jetzt die Tatsachen aufzählen, soweit sie mir bekannt sind, und ich vermute, daß ich nicht mehr weiß, als Sie: In Tarrafal brannte ein Haus nieder. Ein Mensch kam in den Flammen um. Damit entstand ein Fall für die Polizei, genauer gesagt, für das Brandermittlungsdezernat – mein Fall. Schon der Brand allein hätte genügt, um uns auf den Plan zu rufen: nachprüfen, ob Fremdverschulden vorliegt, heißt es in unserer Fachsprache. Der Tod des Peter Sönderup scheint ein Unglücksfall gewesen zu sein. Ich sage: scheint! Eine Bestätigung dafür muß morgen die Obduktion ergeben. Ich glaube, man wird ‚Tod durch Verbrennung‘ feststellen. Ein Unglücksfall als Folge eines Feuers. Aber wie entstand das Feuer? Eine windige Nacht. Kein Gewitter in unmittelbarer Nähe, keine Blitze, die Brandursache sein könnten. Auf dem Dachboden des Hauses waren keine elektrischen Leitungen und Geräte installiert. Im Giebelzimmer nur Lampe und Steckdose. Die Möglichkeiten für einen Unglücksfall sind gering. Wie steht es mit Fahrlässigkeit? War Sönderup ein gedankenloser Mensch? Einer, der im Bett rauchte und darüber einschlief, Frau Steenkamp?“

„Peter Sönderup war die Pedanterie in Person. Übergenau in Kleinigkeiten. Bei ihm fiel keine Zigarrenasche auf den Teppich. Ehemaliger Sparkassenleiter in Tarrafal.“

„Danke“, sagte ich, „wir kommen noch auf Sönderup zurück. – Also: noch keine Tatsachen, die für Unglück oder Fahrlässigkeit sprechen. Dafür andere, recht seltsame Begleitumstände: ein abmontierter Wetterhahn, ein umgesägter Birnbaum und anderes. Dummejungenstreiche? Es scheint so. Sie begannen auffällig bald nach dem Tod von Markus Unschlitts Vater. Ein tragischer und unerklärlicher Selbstmord, wie ich hörte ...“

„Tragisch, ja. Aber nicht unerklärlich.“ Das ging sie selber auch an. Es war Trauer und Bewegung in ihrer Stimme.

„Darüber müssen wir auch noch sprechen“, sagte ich. Aber ich wollte der Reihe nach vorgehen, wollte meinen Faden nicht verlieren. „Zuerst Streiche, dann dies: Rohrpfeile in Sönderups Dach! Pfeile, in deren Schaft eine Karte mit der Darstellung eines roten Hahns eingeklemmt war – drei Pfeile und drei Karten. Rote Hähne ... eine Feuerdrohung? Das war kein Dummejungenstreich mehr! Und drei Tage nach dem letzten roten Hahn brannte Sönderups Haus! Zwei Pfeile und zwei Karten stellte Polizeiobermeister Tackert sicher. Ich habe sie gesehen und auf Fingerabdrücke untersucht: Es sind keine Fingerabdrücke vorhanden. Jemand muß sie abgewischt haben! Das, Frau Steenkamp, sind Tatsachen, die deutlich auf Brandstiftung hinzeigen.“ Sie sagte nichts dazu. „Diese roten Hähne wurden mit einer Kartoffel gedruckt – erinnert an Kinder, nicht?“

„Ich kann auch mit Messer und Kartoffeln umgehen“, sagte sie. „Vielleicht auch Hähne schnitzen und drucken.“

„Kollege Tackert hat mir etwas Ähnliches zu verstehen gegeben. – Er ist wohl sehr beliebt in Tarrafal?“

„Willi Tackert ist ein Mensch, der sich Mühe geben muß,

als Polizist aufzutreten, und solche Leute mögen wir im Dorf."

„Mensch und Technik waren gegen das Feuer machtlos", fuhr ich fort. „Der Wind heizte ein, und das alte ausgetrocknete Holz brannte wie Zunder. Als die erste Feuerwehr ihre Schläuche anschlug, stürzte bereits der Dachstuhl ein, und Peter Sönderup lag darunter. In nicht mal zwanzig Minuten war alles geschehen. Sönderups Leiche wurde beim ersten Tageslicht aus den Trümmern geborgen. Das sind die Ereignisse, von denen ich weiß. Und dann kommen die Gerüchte ..."

„Gerüchte!" sagte sie verächtlich. „Gerüchte stimmen selten und gedeihen überall, sie können Menschen umbringen."

„Vielleicht brachten sie Peter Sönderup um?"

„Verdrehen Sie mir nicht das Wort im Mund. Sie wissen, wie ich es gemeint habe. Sönderups Tod war ein Unglück. Das haben Sie selber zugegeben. Niemand kann die Ereignisse bei einem Feuer vorausberechnen ... Willi Tackert hat Ihnen wohl nicht gern von diesen Gerüchten erzählt?"

„Sehr ungern! Aber Tackert kann sich nicht um eine Meldung herumdrücken. Er muß weitergeben, was ihm bekannt ist, und dazu gehören auch Gerüchte. Übrigens – gibt es einen Grund, warum Polizeiobermeister Tackert nicht mit mir über Markus Unschlitt sprechen möchte?"

„Ja, es gibt einen: Markus rettete seine Tochter vor dem Ertrinken. Vor einem Jahr."

„Also darum ...", murmelte ich.

„Ja, darum!" sagte Lene Steenkamp.

„Bevor wir von diesen Gerüchten sprechen ... Ich bin ortsfremd; ich kenne weder die Menschen noch ihre Lebensumstände. Ich muß versuchen, von anderen zu erfahren, was mir wichtig erscheint – von Ihnen, zum Beispiel. Ich kann Sie nicht zwingen, nur bitten. Bitte, erzählen Sie mir von Tarrafal."

„Was wollen Sie hören?“

„Von Markus Unschlitt, von seinen Eltern, dem Selbstmord des Vaters ...“

Sie schenkte sich ein und mir auch.

„Jenes langgestreckte Haus, das an meinen Hintergarten grenzt, gehörte einst den Unschlitts. Bernhard Unschlitt, Markus' Großvater, starb früh: Er erhängte sich auf dem Dachboden seines Hauses. ‚Bernhard war nie richtig im Kopf‘, sagte das Dorf. Der alte Doktor Voss nannte es ‚akute Schwermut‘. Das Haus wurde bald darauf verkauft. Der Erlös reichte gerade zur Deckung der Schulden, und die Witwe führte einem anderen den Hausstand. Titus Unschlitt, der Sohn, streunte frei herum. Wenn er Lust hatte, verbrachte er Stunden und Tage unter meinem Dach. Er war der erste, der zu mir ‚Tante‘ sagte und ‚Mutter‘ meinte. Er war der erste, der mich gern hatte. Meine stillen Zimmer füllten sich wenigstens stunden- und tageweise mit Leben. Ich erfüllte seine kleinen und später auch seine großen Wünsche. Titus gewöhnte sich an ‚Tante Lene‘, und mir war es nur recht, mir genügte es, wenn ich sein Lachen hörte. Titus war eins von diesen hübschen und strahlenden Kindern, bei deren Anblick Mütter und Tanten glänzende Augen bekommen. Und meine Augen glänzten besonders, wenn ich ihn sah. Er wurde ein Mann, der sich durchs Leben lachte, der die Welt nahm, als sei sie extra für ihn gemacht. Er zeigte keine Spur der Schwermut seines Vaters. Ich war froh, aber dahinter lauerten Furcht und Sorge. ‚Titus ist ein Luftikus, ein Bruder Leichtsinn‘, hörte man im Dorf. Ich stopfte ihnen das Maul, wo ich konnte: ‚Was wollt ihr! Sein Vater starb, weil er nicht lachen konnte.‘ Ich durfte für jemanden sorgen ... Nelli Paulsen wurde Frau Unschlitt. Feuer und Wasser hatten sich zusammengetan, fürchtete ich, hoffte aber, daß es gutging. Markus war schon unterwegs. Ich würde wieder einem Kind Tante sein können ... Nelli war herb und schwerblütig. Nelli wollte nur einen soliden Mann und einen geordneten Hausstand. Und sie bekam Titus, wurde von seinem Lachen aufgespießt. Nelli war die Fliege im Spinnennetz. Titus kostete Geld. Ich wußte es, und Nelli Unschlitt erfuhr es bald. Sie gab, bis ihr kleines Kapital aufgebraucht war. Nur das Haus da drüben blieb. Sie fing einen Heißmangelbetrieb an, arbeitete hart, um ihn zu behalten. Titus tat mal dies, mal das, hielt nie lange bei einer Arbeit aus. Er nahm, lachte, gab aus, fand andere Frauen. Der Streit begann, die Vorwürfe, die bitteren Worte. Markus hörte, wie *er* es hören wollte – er nahm die Partei des bewunderten Vaters. Titus war sein Held. Und Titus Unschlitt hatte etwas von einem lachenden Helden an sich. Um den Sohn kümmerte er sich. Er verschaffte ihm die vielen großen und kleinen Abenteuer, wie er sie selber liebte: Sie segelten bei jedem Wetter, so daß die Leute die Köpfe schüttelten; sie gingen ins Watt auf Fischfang; sie machten nachts Streifzüge an den Weststrand, wenn der Sturm das Strandgut auf den Sand warf. Markus erzählte es seiner Tante Lene, und die hörte zu, wie einst seinem Vater. Sie wartete darauf, daß er zu ihr kam, und Markus kam fast jeden Tag. Für die täglichen Notwendigkeiten sorgten zwei Frauen. Was Nelli Unschlitt nicht geben konnte, gab Tante Lene, ohne daß Nelli davon erfuhr. Dann starb Titus Unschlitt."

„Warum erhängte sich Unschlitt in dieser Kastanie? Warum beging er überhaupt Selbstmord? Nicht unerklärlich, sagten Sie ..."

„Warum in Hageldorns Kastanie? Darauf habe ich keine Antwort gefunden, und Sie werden auch keine finden. Wenn einer sich das Leben nehmen will, ist ein Baum so gut wie der andere. Warum es überhaupt geschehen konnte? Es gab etwas, was ihn quälte: Titus litt in dem letzten halben Jahr vor seinem Tod an unerträglichen Kopfschmerzen. Er sagte es mir, hatte Angst, dachte an seinen Vater. Ich riet ihm, so gut ich konnte, redete ihm zu, sich von einem Spezialisten untersuchen zu lassen. Er tat es, mußte aber erfahren, daß eine weitere Untersuchung bei einem anderen Spezialarzt erforderlich wäre. Ich glaube, man vermutete einen Gehirntumor, und Titus glaubte es auch. Er suchte keinen Arzt mehr auf – er nahm sich das Leben. Von einem Tag auf den anderen und ohne Abschied. Mehr kann ich Ihnen nicht sagen."

Zurück zu Peter Sönderup.

„Es kursiert ein Gerede ... Lieh sich Titus Geld von Peter Sönderup? Wissen Sie etwas darüber?"

„Ich weiß, daß es nicht stimmt. Er hatte gar nicht nötig, sich Geld von anderen Leuten zu leihen. Titus wußte nur zu gut, daß er mich jederzeit um Geld bitten konnte. Er tat es, und er bekam es. Und ich würde es wieder tun, wenn das ihn zurückbrächte. Peter Sönderup rechnete mit Pfennigen, wenn keine Markstücke in der Nähe waren. Er war zu gut mit Geldgeschäften vertraut, um Geld in unklare Geschäfte zu stecken, bei denen er verlieren konnte. Und Titus Unschlitt war ein Verlustgeschäft, das wußte Peter Sönderup."

Das klang einleuchtend und deckte sich mit dem, was Kollege Tackert mir berichtete.

„Und niemand wußte, daß Sie Unschlitt Geld gaben?"

„Niemand. Das ging nur mich und Titus etwas an. Es war mein Geld und meine Angelegenheit, wem ich es schenkte. Titus hätte ohnehin alles bekommen, was ich besitze. Nun wird Markus es erben."

„Hatte Sönderup mit Aktien zu tun?"

„Ja. Peter roch, wann er Aktien kaufen und verkaufen mußte. Er verdiente Geld, wenn andere verloren."

„Halten Sie es für möglich, daß Herr Küppers Aktientips mit Sönderup austauschte?"

„Behauptete er das?"

„Ja."

„Und glauben Sie ihm?"

„Eigentlich nicht."

„Ich auch nicht."

Es blieb nicht viel nach, wo ich einhaken konnte. Wir mußten von Markus Unschlitt sprechen.

Ich fragte, obwohl es nichts mit der Sache zu tun hatte; ich fragte, weil es mich interessierte: „Frau Steenkamp, haben Sie mal mit Markus über seinen Vater gesprochen – nach dem Unglück?"

Sie senkte den Kopf, als hätte ich einen wunden Punkt berührt.

„Sie haben es erfahren: Titus war mir wie ein Sohn. Gut, ein Sohn mit Fehlern." Ihre Stimme hatte einen knurrenden Unterton. „Was hätte ich einem Kind sagen sollen? Daß der geliebte Vater nicht so war, wie er ihn sah? Daß er die Mutter quälte und nicht umgekehrt? Selbst wenn ich es gewollt hätte – und ich wollte nicht –, Markus hätte mir nicht geglaubt. Ich wollte nur eins: die liebe, gute, alte, verständnisvolle Tante für ihn bleiben. Und das will ich noch!"

„Diese Streiche ...", sagte ich. „Ich will mal die roten Hähne dazurechnen. Es ist wahrscheinlicher, daß sie von einem Kind als von einem Erwachsenen ausgeführt wurden. Von einem Jungen ... Die Leute reden über Markus Unschlitt. Und an jedem Gerücht hängt ein Körnchen Wahrheit. Sagt man ..."

„Sie brauchen kein Körnchen Wahrheit – Sie brauchen einen Zeugen, der Markus beobachtete."

„Ja", sagte ich, „den brauche ich allerdings. Auf Ihrer Fensterbank liegt ein Fernglas ..."

„Das benutze ich, um nach den Vögeln auszuschauen, und ich hänge es mir um, wenn ich am Strand spazierengehe. Machen Sie sich da keine Hoffnungen."

Sie gab sich gar nicht die Mühe, eine glaubwürdigere als diese fadenscheinige Erklärung zu geben. Vielleicht war jetzt der richtige Augenblick, um es zu erwähnen.

„Markus Unschlitt ist noch keine vierzehn Jahre alt?“

„Im nächsten Monat wird er vierzehn.“

„Dann ist er noch nicht strafmündig.“ Ich erklärte es ihr genauer: „Ein junger Mensch, der das vierzehnte Lebensjahr noch nicht vollendet hat, kann nicht vor ein Gericht gestellt und für begangene Straftaten abgeurteilt werden, sagt das Gesetz.“

Lene Steenkamp nickte nur, sagte aber nichts dazu. Ich hatte mir ein verflucht schwieriges Geschäft in Tarrafal eingehandelt.

Melchior saß weit weg an seinem Schreibtisch, und ich krebste hier im Nebel herum.

„Kollege Tackert wollte mir keine Antwort geben. Wenn ich Sie frage, Frau Steenkamp, kann es auch nicht schlimmer kommen: Glauben Sie, daß Markus für diese – diese Streiche verantwortlich ist?“

„Ich habe Ihnen ja gesagt, was Markus für mich bedeutet: Das glaube ich erst, wenn Sie es mir beweisen können.“

„Halten Sie es für möglich, daß er das Feuer legte?“

„Darauf bekommen Sie eine klare Antwort: Nein!“

Mit diesen Antworten hatte ich gerechnet. Sie würde sogar einen Meineid auf sich nehmen, um ihn zu schützen.

„Weiß Markus’ Mutter etwas?“

Jetzt streckte sie bittend die Hände aus.

„Sie weiß nichts – wirklich nichts. Ich bitte sie herzlich, Herr Bank, befragen Sie sie nicht. Sie ist nicht mehr belastbar, braucht das bißchen Kraft, um mit ihrer Arbeit und dem Tod ihres Mannes fertigzuwerden.“

„Ich werde Frau Unschlitt nicht befragen. Aber ich muß mit Markus Unschlitt reden. Morgen noch nicht, morgen habe ich einige Wege zu erledigen und anderen Leuten Fragen zu stellen. Übermorgen, denke ich.“

Ich sagte dies mit Absicht. Es war eher nützlich als schädlich, wenn Frau Steenkamp sich vorher noch mit dem Jungen besprach. Ich war sicher, daß sie es versuchen würde.

„Sie wissen nicht zufällig, ob Markus Unschlitt in der Brandnacht sein Elternhaus verließ?“

„Das weiß ich zufällig nicht“, antwortete sie mit unbewegtem Gesicht.

„Und Sie, Frau Steenkamp, verließen Sie Ihr Haus?“

„Ja, das tat ich. Alte Frauen werden oft von der Unruhe gepackt – besonders, wenn sie allein leben. Ich verließ das Haus für eine halbe Stunde. Machte einen Spaziergang, und ich denke, ich kehrte um halb zwölf herum zurück. Genauer kann ich es Ihnen nicht sagen. Ich hatte keinen Grund, mir die Uhrzeit zu merken.“

Noch ein Spaziergänger!

„Tja, das wär's“, schloß ich.

Ich hatte nicht wenig von ihr erfahren, aber bei einigen Stellen war ich nicht sicher, ob ich die Wahrheit gehört hatte.

Markus Unschlitt: Sylvie

Der Tag fing gut an.

Ungewöhnlich gut für den Oktober. Die Sonne stieg fast so strahlend wie im August in einen hohen Himmel hinein. Nur mit der Wärme sparte sie. Ein Lufthauch – denn Wind konnte man das nicht nennen – fummelte an den trockenen Blättern herum. Auf Tante Lenes Dachrinne lüfteten die Spatzen ihr Gefieder aus. Und auf dem obersten Querstab ihrer Fernsehantenne peilte eine Krähe die Lage.

Es sah danach aus, als wollte sich das Wetter den ganzen Tag über so halten. Mir war es lieb – ich hatte mich mit Sylvie verabredet.

Ich selber war nicht so frisch wie der Morgen. Ich hatte schlecht geträumt: eine Mischung aus dem, was ich wünschte und fürchtete. Eine verrückte Mischung! Jetzt, nach dem Aufstehen, konnte ich mich nur noch an ein paar unmögliche Bilder erinnern: Jumbo mit mir und Graueule Bank in meinem Boot, weit draußen bei der roten Spierentonne! Jumbo in Uniform und Bank natürlich wieder in seinem grauen Mantel. Jumbo wollte seinen Kollegen über Bord wälzen, brüllte dauernd: „Weg mit ihm! Er spioniert in Tarrafal! Weg mit ihm ...“ Und ich schrie dazwischen: „Jumbo! Jumbooo! Setz die Mütze auf, sonst kippen wir um!“ Denn mit dem einen Arm schwenkte Jumbo Tackert seine Mütze über dem Kopf, mit dem anderen hielt er Banks Mantel über Bord, und aus dem Mantel ragte ein überlanger Hals mit einem leichenblassen Kopf heraus. Der Kopf tauchte bei jeder Welle ins Wasser, und sobald er wieder auftauchte, sagte er ganz sanft: „Das ändert nichts. Dann kommt der nächste und macht weiter ...“ Ein blöder Traum! Was Jumbos Mütze wohl mit dem Umkippen zu tun hatte!? Mir fehlte der Anfang. Ich konnte mich nicht erinnern, wie wir drei ins Boot und bis weit draußen an die rote Tonne gelangt waren. Allein mit Jumbo Tackert an Bord wären wir schon vorher mit wehender Flagge abgesoffen. Und wenn ich mir mein zerwühltes Bett betrachtete, dann mußten wir wild gekämpft haben ...

Dritte Stunde: Mathematik bei Weißschimmel Trautmann. Und ich war ohne Schularbeiten. Ich hatte zwar die Absicht gehabt, dann aber die Dreiecke doch nicht konstruiert. Weißschimmel veranstaltete kein Geschrei wegen der fehlenden Aufgaben – ich war sein bester Mathematikschüler. „Dann rechne sie an der Tafel vor", sagte er friedfertig. Weißschimmel war zu sanft, um sich aufzuregen. Nichtwissen bedachte er mit einem milden Kopfschütteln, ohne langatmige Ermahnungen dranzuknüpfen. Er notierte alles in sein Gedächtnis und sparte sich die Abrechnung für die Endzensur auf. Trautmann hatte rotgeäderte Augen und zuckte mit der Nase, wie die Angorakaninchen, die er züchtete.

Ich erledigte meine Sache fehlerlos. Ich ging an meinen Platz zurück. Der Rest der Stunde ging mich nichts mehr an. –

Gestern abend ...

Ich war noch einmal aufgestanden. Schaute durchs Fernglas nach drüben: Von Tante Lene und Graueule sah ich nicht mal einen Schatten. Aber die Petroleumlampe leuchtete. Sie redeten noch miteinander ... Sollte ich versuchen zu lauschen? Ich zog mich an – Hemd, Hose, Pullover, alles über den Pyjama. Es war wie beim Knöpfe-Abzählen: Du tust es ... Du tust es nicht ... Du tust es! Ich kletterte aus dem Fenster, schlich mich über die Straße, hinter Tante Lenes Reetstapel herum in ihren Garten. Die Hintertür war nicht verschlossen. Das war mir bekannt; Tante Lene hakte immer erst über, wenn sie ins Bett ging. Zentimeterweise öffnete ich die Tür ... Der Flur war dunkel. Nur das kleine Guckloch in der Wohnzimmertür schimmerte gelb. Links ertastete ich den gewölbten Deckel der großen Truhe. Gut, daß ich mich auch im Finstern hier auskannte ... Ich hockte mich dahinter. Die Tür hatte ich offengelassen – acht Schritte für den Rückweg ... Sie murmelten ... Ich verstand kein Wort. Sollte ich mein Ohr an die Stubentür legen? Ich richtete mich auf ... Ich machte zwei Schritte vorwärts ... Dann verließ mich mein Mut – zum ersten Mal! Nicht zum ersten Mal: In der Brandnacht hatte ich auch Angst gehabt! Ich verließ das Haus. Zu eilig. Die Tür klappte hörbar ...

In der großen Pause wanderte ich allein auf dem Schulhof umher. Sylvie streckte hinter einem Pfeiler der Wandelhalle drei Finger hoch: heute um drei! Kaum einer wußte, daß wir zusammen gingen. Wir machten keine Reklame für unsere Freundschaft.

Hoffentlich zieht sie wieder den roten Pullover an, dachte ich.

Schon gleich am Morgen nach dem Feuer bemerkte ich es in der Schule, und seitdem der Kriminalbeamte im Dorf war, besonders: Sie hörten mit dem Reden auf, wenn sie mich sahen! Sie hielten den Atem an, wurden steif wie Pappfiguren! Sie hatten auf ihre Eltern gehört!

Nach der Pause zog mich Fred Rückert, unser Zeichenlehrer, in eine Fensternische des Korridors. Er wartete ab, bis alle anderen im Klassenzimmer verschwunden waren, und schloß die Tür hinter ihnen. Dann tippte er mir mit seinem Zeigefinger auf die Brust.

„Du, Markus, vor einer halben Stunde suchte mich Herr Bank von der Kriminalpolizei in meiner Freistunde zu Hause auf. Ahnst du, was er von mir erfahren wollte?“

„Nein“, sagte ich und überlegte: Kartoffeldruck – was sonst!

„Er wollte wissen, ob, wann und mit welchen Klassen ich Kartoffeldruck geübt hätte.“

Fred Rückert wartete, ob ich etwas zu erklären hatte. Sein Gesicht hätte ich sehen mögen, wenn ich geantwortet hätte: „Bei Sylvie Tackert wäre der Mann richtig gewesen – die versteht was von Kartoffeldruck ...“ Er lobte ihr Zeichentalent mindestens einmal in der Woche, hatte Sylvie mir erzählt. Ich sagte natürlich nichts. So mußte er weiterreden.

„Ich habe ihm genau Auskunft geben müssen. Das erwartet man von mir – damit du's weißt! Zwei Karten mit roten Hähnen hat er mir gezeigt. Der eine Hahn war vorzüglich gelungen, der andere mäßig bis schlecht. Kartoffeldruck – einwandfrei! Ob dieser Druck von zwei verschiedenen Personen angefertigt worden sein könnte, wollte er wissen. Das konnte ich ihm nicht verbindlich bestätigen. Ich bin kein Hellseher.“

Wieder wartete er auf meine Antwort.

Ich wollte nicht antworten. Damit du's weißt! dachte ich. Er wußte genausoviel wie alle anderen – nämlich gar nichts!

„Kann ich jetzt gehen?“ erkundigte ich mich, als die Pause zu lang wurde.

Er guckte mich enttäuscht an und schüttelte den Kopf – ich zeigte so gar kein Interesse.

„Nicht, bevor ich dir eins gesagt habe: Versuch es mit der Wahrheit, Markus!“

Noch einer, der mich verdächtigte. Dann ging ich vor ihm in die Klasse. Das Gewisper hörte auf. Ihre Augen sprangen auf mich zu, folgten mir, als sei ich ein Neuer in der Klasse. Nur Wilfried Franzen, dick wie sein Vater, schaute aus dem Fenster und pulte in der Nase. Ich war sein Banknachbar.

Fred Rückert begann sich über die Weizenproduktion in Canada auszulassen. Ich dachte über die Wahrheit nach. Und die Wahrheit machte mir Sorgen. Tagsüber quälten mich meine Gedanken nicht so, dafür vor dem Einschlafen um so mehr ...

Als ich auf dem Nachhauseweg in die Allee einbog, mußte ich mitten im Schritt stoppen: Graueule Banks Rücken wanderte fünfzig Meter von mir in die gleiche Richtung! Ich stob geradeaus weiter, am Gemeindebüro vorbei und dann wieder links in die Parallelstraße. Der Weg war kaum fünfzig Meter weiter, und anstatt an der hinteren Pforte kam ich an unserer Vordertür heraus.

In den Feuermelder vor dem Gemeindebüro hatte man schon eine neue Glasscheibe eingesetzt.

Wer den Feueralarm auslöste?

Ich wußte es auch nicht!

Ich lehnte am Brückengeländer vor der Entwässerungsschleuse und wartete auf sie. Sah meine Lieblingsfarbe schon von weitem leuchten: Sylvie hatte den roten Pullover an!

Darin wölbten sich ihre Brüste, stachen wie spitze Hügel heraus. Sie trug noch keinen Büstenhalter. Ob ich es wieder schaffte, meine Hände draufzulegen? So ganz nebenbei – während ich die neuesten Neuigkeiten berichtete ...

„Da bin ich", sagte Sylvie. „Wartest du schon lange?"

„Eine Viertelstunde. Macht mir bei dem schönen Wetter nichts aus."

„Warum starrst du mich so an?"

Sie drängte den Rücken gegen die Geländerstange, bog ihn ein wenig nach hinten – ein wenig nur, aber das genügte. In ihren Augen tanzten ein paar Ausrufezeichen. Ich preßte die Hände um den Fahrradlenker, zerrte schließlich meine Augen gewaltsam von der gewissen Stelle weg, schaute auf meine Füße. Wenn sie den roten Pullover trug, war es besonders schlimm.

„Willst du, daß ich in die Luft gucke!" sagte ich endlich.

Wir radelten unter dem Deich entlang auf die Häuser von Akkersum zu, deren Dächer und Schornsteine gerade noch aus den Gebüschinseln herausragten.

Auf halbem Weg schoben wir unsere Räder über die Deichkrone und warfen sie ins kurze Gras, über das sich die

Schafe vom Frühjahr bis in den Spätherbst vor- und zurückkauten.

Das Wasser hatte den großen Findling zur rundbuckligen Insel gemacht. Oben stand eine Silbermöwe und machte mißtrauisch den Hals lang. Hoffentlich hatte sie unseren Sitzplatz nicht vollgekleckert!

Die Flut stieg noch eine halbe Stunde, aber viel Wasser brachte sie nicht mehr. Gleich nach dem Mittagessen hatte ich im Tidenkalender nachgeschaut und einen langen Pfiff ausgestoßen, als ich sah, daß es so gut mit dem Wasserstand paßte: Ich konnte Sylvie wieder zum Stein hinaustragen! Ich zog die Gummistiefel an. Das Wasser ging höchstens bis zur halben Wade.

Wir faßten uns bei den Händen und schlitterten die Deichschräge hinunter. Als wir halb unten waren, breitete die Möwe die Schwingen aus – machte sich startklar. Und sobald wir den steinigen Ufersaum erreichten, stieß sie sich in die Luft. Menschen waren ihr nur angenehm, wenn sie mit Brotbrocken warfen.

Fünfundzwanzig Meter bis zum Stein! Mindestens. Fünfundzwanzig lange Meter würde ich Sylvie tragen, Arm und Hand um ihre Schenkel legen. Heute trug sie Strumpfhosen …

„Komm“, drängte ich. „Du brauchst dir nicht erst die Schuhe auszuziehen. Ich habe Gummistiefel an.“

„Das hattest du letztesmal auch“, kicherte sie.

„Du Biest!“ sagte ich.

Sie zierte sich nicht. Sie legte den Arm um meine Schulter, ließ den Kopf nach hinten hängen, überließ mir ihre Beine. Ich war stark. Ich faßte zu, streckte den Rücken, ließ Arm und Hand auf der Seide höher gleiten. Und noch etwas höher. Die Seide machte ihre Beine besonders glatt – warm und glatt. Ob es für sie auch so ein schönes Gefühl war?

Ich trug Sylvie halb um den Stein herum, setzte sie auf

der schräg abfallenden Fläche ab. Die Möwe hatte keinen Klacks hinterlassen. Dann kletterte ich auf den hohen Rükken und schob mich dicht hinter Sylvie.

Ich wartete. Aber sehr lange wartete ich nicht. Dann fädelte ich meine Arme unter ihren hindurch, kreuzte sie wie eine Schere, legte die hohlen Hände auf ihre Brüste.

„Damit du nicht herunterrutschst“, flüsterte ich ihr ins Ohr. Sie sagte nichts, lehnte nur den Kopf hintenüber, hörte mir still zu, und ich berichtete, was sie noch nicht wußte: von der Vernichtung der Kartoffel und der letzten Karte. Von Kriminalobermeister Bank, und daß ich ihn Graueule getauft hatte ... Ich ließ mich dabei von ihrem Haar kitzeln – Haar wie blankes Kupfer.

Und das Wasser war blaßblaue Seide mit silbernen Tupfen. Nach links hinüber aufgerollt, um die Festlandsküste zu zeichnen. Rechts schoben die Dünen ihre weißen Köpfe über den Rand. Vor uns, nahe am Horizont, schwebte die Nachbarinsel in der Luft über einem Streifen Nichts mitsamt zwei Kirchtürmen und einem Mühlenkreuz. Und das Kreuz drehte sich nicht.

Die Sonne ließ sich nach Westen zu sinken. Gegen halb sechs, schätzte ich, würde sie sich am Süderende auf die Leuchtturmspitze setzen und dann langsam über die Dünen in die Nordsee rollen.

Halb sechs ... Das war noch so weit von uns weg, wie von hier nach München ...

„Du, Mark“, sagte Sylvie plötzlich und drehte sich in meinen Armen herum, so daß meine Hände abrutschten. „Ist die Warterei nicht unerträglich, bis er zu dir kommt – der Kripomensch, meine ich.“

Ausgerechnet jetzt fing sie damit an!

„Er will mich wohl bis zuletzt aufsparen“, sagte ich und war mit den Gedanken nur halb bei meiner Antwort. „Warum denkst du gerade jetzt daran?“

„Ich denke nicht nur jetzt – ich denke schon seit gestern

nachmittag darüber nach. Seitdem der Kriminalist im Dorf ist. Du! Da ist doch irgendein Loch in deiner Geschichte. Hast du mir auch alles erzählt?"

Es war nicht nur ein Loch – es waren zwei Löcher in meinem Bericht in der Brandnacht.

„Ich habe dir versichert, daß ich Peter Sönderups Haus nicht angesteckt habe. Und das ist die Wahrheit!"

„Natürlich ist das die Wahrheit, Mark." Sylvie legte ihre Hand auf mein Knie. „Aber einer muß es doch getan haben – irgendeiner! Von allein brennt es nicht, wenn nicht gerade ein Gewitter in nächster Nähe ist. Und in *jener* Nacht war weit und breit kein Gewitter." Sie rutschte weiter nach oben, neben mich. Nun war alles vorbei. „Du warst in der Kastanie. Du hattest ein Fernglas dabei. Hast du nicht doch etwas bemerkt? Einen, der dort nichts zu suchen hatte, einen, der sich verdächtig machte? Du weißt schon ... Mir kannst du es doch sagen."

Ich kann es dir eben nicht sagen! dachte ich. Keiner machte sich verdächtig – nur ich. Ich könnte besonders die letzten Minuten so spannend schildern. Aber ich darf es nicht. Dann weißt du, daß ich mitansah, wie das Feuer ausbrach. Und wenn du das weißt, wirst du keine Ruhe geben, bis ich dir erkläre, wieso der Wind rote Glut auf Sönderups Dach tragen konnte. Und wenn du von der Glut weißt, möchtest du den Namen erfahren, den ich nicht preisgeben will. Auch dir nicht! Es ist wie mit einer Ankerkette: Wenn man den Anker aus dem Grund gerissen hat, läßt sich die Kette leicht einholen, Glied um Glied, bis man das Ende – den Anker greifen kann. Es war nicht einfach für mich, diese letzten Kettenglieder auszulassen. Ich mußte sie durch Schweigen und Lügen ersetzen. Sylvie konnte Geheimnisse für sich behalten – sicher. Wenn ich aber in Bedrängnis geriet, würde sie doch ihren Vater alarmieren, um mir zu helfen. Und Jumbo mußte es Graueule Bank sagen ... Nein, vom Feuer durfte Sylvie nichts wissen.

„Hast du nun dein Gedächtnis umgegraben?“ bohrte sie.

„Es gibt keinen unbekannten Jemand“, antwortete ich störrisch. Und das stimmte – für mich gab es keinen Unbekannten. „Ich kann mir auch keinen aus der Luft greifen, und wenn du es noch so sehr wünschst. Manchmal kommen blöde Zufälle vor ... Vielleicht liegt da das Geheimnis.“ Ich mußte abweisend sein, sonst ließ sie mich nicht in Ruhe.

Daß meine Erklärung nicht viel taugte, las ich in ihrem Gesicht. Ich hätte wohl doch nicht so mißmutig sein dürfen. Aber ich wollte nicht mehr darüber reden. Nur still dasitzen wollte ich, den Arm um Sylvie legen, zusehen, wie die Sonne Silber aufs Wasser streute, an nichts denken ...

Alles verkorkst! Sylvie war von mir weggerückt, saß auf der äußersten Kante des Steins – eingeschnappt.

Das Wasser hatte sich inzwischen leise davongemacht. Tangbänder und -büschel lagen hingestreckt wie Verdurstende, die man in der Wüste alleinließ. Steine und Muscheln, dazwischen die dünnen Sandwürste der Wattwürmer wie irre Kothaufen. Alles war wieder aufgetaucht. Unser Stein war keine Insel mehr. Meine Gummistiefel warteten unnütz.

Es gab keinen Vorwand, um Sylvie ans Ufer zu tragen. Sie hätte auch nicht mitgemacht.

Ich brauchte Rat. Ich schaffte es nicht mehr allein.

Graueule Bank stand um halb sechs drüben in der Tür, schaute nach links, rechts und oben, stiefelte los, bog in die Allee ein. Ich ging ihm nicht nach. Hoffentlich kam er nicht so bald zurück.

Mutter stand noch an der Heißmangel, und Abendbrot gab es erst um halb acht.

Ich nahm den Anorak vom Haken. Ich setzte mich. Ich klemmte mir den dicken Knüppel zwischen die Beine, den ich mir vorhin gesucht und mit dem Messer angeschärft hatte. Ich suchte mir die richtige Stelle, breitete den Stoff aus, drückte ihn auf die Spitze – drückte, bis er zerriß. Dann weitete ich das Loch.

Einige Minuten später klopfte ich bei Tante Lene an. Jeremias, der Papagei, war nicht in Hochform. Er krähte wieder mal: „Gutän Morgän!“ Dabei wußte der Schlauberger genau, daß es Abend war.

Tante Lene erriet meine Frage, noch bevor ich sie stellte.

„Er kommt nicht vor acht Uhr zurück“, sagte sie. „Wir haben Zeit. Soll ich dir ein Brot mit Backkäse zurechtmachen?“

Ich schüttelte den Kopf, hatte keinen Appetit. Heute nicht. Sie setzte sich mir gegenüber, legte ihre blaugeäderten Hände auf den Tisch, wartete, bis ich den richtigen Anfang fand. Sie war Tante für mich, aber ich hätte sie auch als Mutter genommen. Die Standuhr ließ die Sekunden wie Wassertropfen in eine Schüssel ticken. Jeremias harfte mit dem Schnabel an den Drahtstäben des Käfigs herum.

Dann redete ich, redete, bis ich alles gesagt hatte, was ich los werden wollte. Es war anders, als wenn Sylvie mir zuhörte. Mit ihr gab es Fragen und Kichern, Händehalten und Kopfaneinanderlegen, wenn ich die Spannung steigerte. Bei Tante Lene ließ ich die Worte in einen weit offenen Sack hineinrieseln, den sie mir schweigend hinhielt. Und ich brauchte nur ein Wort zu sagen, dann würde sie ihn zuschnüren und verbergen – dorthin, wo niemand ihn fand.

Von den letzten sechs Minuten in Hageldorns Kastanie erzählte ich zwei. Dann wußte sie, daß ich den Namen kannte.

„Ich werde ihn nicht verraten“, sagte ich.

Sie schaute eine Zeitlang auf ihre Hände, strich mit der einen über die andere.

„Dann“, sagte sie, „muß Herr Bank ihn selber herausfinden.“

„Warum hast du ihn eigentlich in dein Haus eingeladen, Tante Lene?“

„Es gab etwas, was ich fürchtete, Markus. Ich dachte ... Ich hielt es für besser. Jetzt hast du mich eingeweiht. Ich glaube dir, Markus. – Herr Bank möchte morgen nachmittag mit dir sprechen – allein. Das kann hier in meiner Wohnstube geschehen, wenn du willst. Ich gehe so lange aus dem Haus."

Tante Lene hatte also Angst gehabt – Angst, daß ich es getan haben könnte!

Morgen nachmittag! Dann hatte ich es hinter mir. Aber ich wollte nicht mit ihm in einer engen Stube sitzen, nicht vor ihm auf dem Stuhl hocken, wenn er mich mit Fragen bombardierte. Nicht, wenn es anders ging.

„Nicht in einer Stube, bitte", sagte ich. „Geht es nicht irgendwo draußen, warte ... vielleicht an Franzens Pumpe, da wo das Kliff die Wiesen übergeht? Ich könnte ihn dort um drei Uhr erwarten. Glaubst du, daß er sich darauf einläßt?"

„Es wird ihm bestimmt recht sein. Er wird dir viele Fragen stellen, Markus."

„Ja. Ich muß mir noch etwas überlegen. Ich muß die zwei Minuten anders erzählen. Er darf ja nicht wissen ..."

„Du hörtest Schritte – plötzlich! Könnte dir da nicht das Fernglas aus der Hand gefallen sein?"

„Das geht! Ja, das geht sogar sehr gut. Ich werde mir vor dem Einschlafen noch alles zurechtlegen. – Hast du eigentlich mal gesehen, wie ich aus dem Fenster kletterte?"

„Fast jedesmal", sagte Tante Lene. „*Mein* Fernglas liegt jetzt in meiner Nachttischschublade. Vor zwei Tagen lag es noch griffbereit auf der Fensterbank hinter dem Blumentopf. Ich nahm es weg, ich fürchte, etwas zu spät. Der Kriminalbeamte hat es bemerkt. Ich werde vergeßlich, Markus."

Sie hatte mich beobachtet. Fast jedesmal. Und sie verlor nie ein Wort darüber!

Dann flickte Tante Lene das Loch in meinem Anorak.

Ich brauchte das, um vier Minuten zu verbergen, von denen Sylvie nicht, Tante Lene nicht – von denen niemand je etwas erfahren sollte.

„Deine Mutter weiß nichts?“

„Nein, Mutter weiß nichts.“

Tante Lene nickte, während ihre Augen auf die Nadel achteten, nickte, als wüßte sie es schon und wollte es von mir nur noch einmal bestätigt haben.

„Besser, sie erfährt es auch nicht. Sie kann nicht mehr viel ertragen, Markus“, sagte sie.

„Du – ich möchte doch wissen, wer den Feuermelder gedrückt hat!“

„Ich!“ sagte Tante Lene Steenkamp. „Mit meinem Haustürschlüssel!“

Ich weiß nicht, *wie* lange, aber ich polierte lange an zwei plus vier Minuten – an sechs Minuten herum. So lange, bis sie glatt und ohne Kratzer waren, bis ich sie fehlerlos aufsagen konnte.

Ich wiederholte. Immer noch mal. Nahm es mit in den Schlaf hinüber ... du konntest nicht erkennen wer ... Das Ding lag auf der Straße ... an Hageldorns Straßenseite ... Das Fernglas rutschte dir aus den Händen ... Schritte ... Angst ... Der Anorak zerriß ... vier Minuten ...

Theo Bank: Notizen

Wetterhahn und Birnbaum ...

Für sich allein genommen Streiche eines Kindes oder eines Jugendlichen. Auffällig, daß diese Geschehnisse bald nach dem Selbstmord in der Kastanie begannen. Markus Unschlitt?

Rote-Hahn-Karten ...

Feuerdrohung? Jedenfalls deutlicher Hinweis auf Brandstiftung: Drei Tage nach der dritten Droh-Karte brannte Sönderups Haus nieder. Markus Unschlitt? Möglich. Aber auch möglich, daß beide Serien von Geschehnissen nicht zusammenhängen.

Fehlende Fingerabdrücke ...

Zweiter Hinweis auf einen Brandstifter. Nur ein Täter will seine Identität auf diese Weise verbergen. Wieder Markus Unschlitt? Zeigt eher auf einen Erwachsenen hin. Polizeiobermeister Tackert? Seine Familie?

Tod von Peter W. Sönderup ...

Laut Obduktionsbericht: Tod durch Verbrennung, keine Fremdeinwirkung – Unglücksfall.

Aussage der Witwe: ... wollte eine Kassette mit Papieren und Geld bergen.

Wie entstand das Feuer ...

Keine Beweise für Selbstentzündung, Fahrlässigkeit oder Unglück. Zeugen? Bisher noch keine. Vermutung: Pfeile mit roten Hähnen ... Pfeil mit einem Brandsatz?

Personen:

Tackert, Willi, Polizeiobermeister, verheiratet, eine Tochter, zwölf Jahre Dienst in Tarrafal ...

Eigentlich ein sympathischer Kollege. Gutmütige Natur. Lebt gern in Tarrafal. Korrekter Beamter? Ja – menschlich – korrekt. Mangelnde Mitarbeit, was Markus Unschlitt betrifft. Grund: Lebensrettung der Tochter durch Markus. (Tackert ist befangen – verständlich.) Wer konnte an die

Pfeile und Karten, wer konnte an die Schlüssel heran? Eigentlich nur: Tackert, Frau und Tochter. War Tackerts Tochter mit Markus Unschlitt befreundet? Diesbezügliche Frage an Markus Unschlitt nicht vergessen.

David Küppers, Nachbar von Sönderup, Tischlermeister, Bestattungsunternehmer, Leiter der örtlichen Feuerwehr ... Wichtigtuer. Unsympathischer Menschentyp. Nach eigener Aussage gutnachbarliches Verhältnis zu Sönderup. Behauptet Aktientips mit ihm ausgetauscht zu haben. (Nach Aussage von Frau Steenkamp unglaubhaft.) Schade – gutes Motiv. Machte in der Brandnacht einen Besuch bei Anton Sellmer. Verließ dessen Haus um 23 Uhr 25. (Aussage von Sellmer.)

Anton Sellmer, verheiratet, Antiquitätenhändler ...

Nachbar von P. Sönderup. Verließ das Haus nicht. Kein Motiv.

Helene Steenkamp, unverheiratet, pensionierte Postbeamtin, Nachbarin und Nenn-Tante von Markus Unschlitt ... Persönlichkeit. Kluge Frau. Liebt Markus wie einen Sohn – würde alles tun, um ihm zu helfen. Glaubwürdig, soweit Markus Unschlitt nicht betroffen wird. War mit P. Sönderup vor fünfzig Jahren verlobt. War in der Brandnacht unterwegs. Fernglas auf der Fensterbank: Beobachtet sie Markus Unschlitt? Weiß sie mehr über ihn, als sie zugibt? Bestimmt!

Christine Sönderup, Witwe des P. Sönderup ...

Steht immer noch unter Schock. Wohnt bei Verwandten im Nachbardorf. Nur ganz kurzes Gespräch: Gibt an, daß sie und ihr Mann von einem Steinwurf durch das Schlafzimmerfenster geweckt wurden!

Niklas Hageldorn, verheiratet, Kaufmann ...

Sönderups gegenüber wohnender Nachbar. Zur Zeit verreist, um sein erstes Enkelkind zu sehen. Kommt Freitag zurück. (Schild im Schaufenster.)

Markus Unschlitt: Ich sagte fast alles

Bis jetzt hatte ich ihn öfter von hinten als von vorn gesehen. Und immer verdrückte ich mich rechtzeitig.

Nun kam Graueule auf mich zu, und ich ließ ihn herankommen. Zwei dünne Hosenbeine schwangen vor und zurück. Ziemlich schnell. Von vorn sah er noch magerer aus als von hinten.

Ich ballte die Hände in den Anoraktaschen. Ich würde mich nicht überrumpeln lassen.

„Also du bist Markus Unschlitt“, sagte er und setzte die Hosenbeine nebeneinander. „Ich heiße Bank. Daß ich Kriminalbeamter bin, weißt du. Und warum ich nach Tarrafal gekommen bin, weißt du auch.“

„Ja.“

Ich hatte mir vorgenommen, nicht unnötig viel zu reden. Er zog die Hand aus der Manteltasche, streckte sie mir hin. Ich holte meine heraus, und wir gaben uns die Hand.

„Jeder in Tarrafal, scheint mir, weiß über mich Bescheid. Nicht alle Kriminalbeamten können sich als Feriengäste oder Gasmänner tarnen.“

„Wir haben hier kein Gas“, sagte ich.

„Eben“, antwortete er.

Wollte er Witzchen machen? Aber er lächelte nicht.

„Schön ist es hier draußen am Wasser.“ Und weil ich nicht antwortete, sprach er weiter: „Laß uns einen Spaziergang am Strand entlang machen. Dort treffen wir keine Menschen an. Ich kann mir vorstellen, daß du nicht gern mit mir zusammen gesehen werden möchtest.“

„Nein. Lieber nicht.“

Er faßte meine Schulter und drehte mich in Richtung Strand.

Jumbo Tackerts Pranke wog viel schwerer. Jumbo war väterlich und gemütlich. Dieser magere Kriminalobermeister war nicht gemütlich – das roch ich jetzt schon.

Wir gingen nebeneinander auf dem gelben Sandstreifen entlang, den die Flut zweimal in vierundzwanzig Stunden anfeuchtete, so daß er nie ganz austrocknete. Darauf ließ sich gut gehen, ohne daß einem der lose Sand in die Schuhe rieselte wie zwei Meter daneben. Links von uns lagen ein paar Meter Wattenschlick bloß, und dann erst häkelte das Wasser seinen Schaumrand. Die Flut kam eine Stunde später als gestern. Ungefähr alle zweihundert Schritte mußten wir einen kleinen Schlenker um die Buhnenenden machen; und dreimal würden wir Stacheldrahtzäune überklettern müssen, die den Strand absperrten.

„In dieser Wasserecke gibt es wohl viele Plattfische“, versuchte er ein Gespräch anzufangen. „Schollen und so was.“

Eigentlich wollte ich ja nicht viel sprechen. Aber nun war von Fischen die Rede, und gerade davon wußte ich mehr als andere ... Ich mußte ein paar Worte sagen.

„In den Watten werden hauptsächlich Butt gefangen und recht gute Aale. Weiter draußen bei den Sänden auch Sandschollen, aber kleine Dinger. Die großen Schollen, die Zungen und Steinbutt werden vor der Westküste gefischt. Mit dem Grundschleppnetz und vom Kutter aus.“

„Angelst du?“

„Ja. Noch öfter fische ich – Aale und Butt. Im August auch Makrelen, wenn die Schwärme durch das Nordtief kommen.“

„Ich angle auch“, sagte er: „Hechte, Karpfen und Aale in unseren Vereinsgewässern. Zweimal im Jahr fahre ich auf die Ostsee hinaus, um vom Boot aus Dorsche zu pilken. Natürlich besitze ich kein eigenes Boot – weißt du, ich fahre mit einer Angelgesellschaft im gemieteten Kutter.“

Er schien mächtig an der Fischerei interessiert zu sein, nahm sogar die Hände aus den Taschen und zeichnete mir damit ein Pilklot in die Luft. Wollte er mich in Sicherheit wiegen, um mich dann plötzlich mit seinen Fragen zu überfallen? Ich hatte gelernt, daß sich Vorsicht und Mißtrauen bezahlt machten.

Ich konnte es einfach nicht lassen – ich erzählte ihm trotzdem von meiner speziellen Aalfangmethode mit den Ofenrohren. Sein Erstaunen war bestimmt nicht geheuchelt. Er faßte mich aufgeregt am Ärmel an und ließ mich zweimal versichern, daß ihm da nichts vorgemacht wurde. Zugegeben, die Geschichte hörte sich reichlich märchenhaft an.

„Sie können die Rohre sehen, wenn Sie mir nicht glauben", sagte ich. „Sie liegen in unserem hölzernen Geräteschuppen. Ich habe sie in den letzten Septembertagen mit drei Bootsfuhren hereingeholt, damit sie mir nicht im Winter vom Eisgang kaputtgemacht werden." Daß ich es in diesem Jahr ungewöhnlich früh erledigte, weil mir andere Dinge wichtiger waren, sagte ich ihm nicht.

Indessen waren wir ein gutes Stück vorangekommen, hatten schon einen Zaun überklettert, dessen Drähte wie schwarze Trauergirlanden aussahen, so dicht hatten die Sturmfluten sie mit Seetangfetzen behängt. Die Steilabhänge der beiden Kliffs rückten näher. Unser Tarrafaler Kliff fällt nicht so steil zum Wasser ab, und es ist mit Gras bewachsen: ein grünes Kliff! Das weiße Kliff besteht nur aus feinem Sand, der aus der Ferne wie ein Bettlaken leuchtet. Das rote schichtet sich aus eisenhaltigen Sandschichten auf, in denen man seltsame Gebilde finden kann, aus denen sich der Sandkern herausschütteln läßt, so daß eine rostrote, pockennarbige Kruste zurückbleibt. Anna Walter hatte dort ihr ganzes Leben lang Versteinerungen gesammelt: steinerne Äxte, Messer, Faustkeile, Pfeilspitzen. Jetzt liegen ihre Funde im Heimatmuseum von Tarrafal und werden von den Gästen betrachtet – wenn es draußen gerade regnet . . . Noch hatten wir kein Wort über die andere Sache gesprochen.

Er hatte wohl meine Gedanken erraten.

„Ich habe mich gestern noch einmal mit Frau Steenkamp

unterhalten, Markus. Sie hat mir einiges berichtet – mit deiner Einwilligung, sagte sie. Nun muß ich es von dir selber hören."

Ich konnte mir denken, was Tante Lene ihm erzählt hatte und was nicht.

„Dieser verschwundene Wetterhahn, der abgesägte Birnbaum ... Das waren doch deine Streiche?"

„Ja."

„Du hast es wohl sehr geschickt angestellt?"

„Ja."

„Trotzdem reden die Leute über dich. Hat dich mal einer erwischt?"

„Nein."

„Oder vielleicht gesehen, ohne daß du davon weißt?"

„Glaub ich nicht. Dann hätten sie mir Jumbo auf den Hals gehetzt."

„Jumbo ...?"

„Polizist Tackert. Wir nennen ihn so."

„Ach so." Er lächelte flüchtig, und wir stiegen über den zweiten Girlandenzaun.

„Und diese roten Hähne? Die kommen doch auch auf dein Konto?"

„Ja."

„Damit hast du nicht nur anderen, sondern auch mir einige Rätsel aufgegeben. Manches ist mir immer noch nicht klar. Zwei verschiedene Hähne ... Warum? Und keine Fingerabdrücke auf den Karten ... Davon mußt du mir ausführlich berichten."

Bisher war ich mit Ja und Nein ausgekommen. Jetzt mußte ich mehr Worte machen. Gib ihm keinen Hinweis auf Sylvie! ermahnte ich mich selber. Halte dich genau an das, was du dir gestern nacht zurechtgelegt hast. Wenn du ihm ein kleines Loch läßt, wird er darin herumbohren.

Ich fing langsam und beinahe bedächtig an zu erzählen, begann mit meinen Nachtwachen in Hageldorns Kastanie, erklärte ihm, wie gut der Platz war, weil ich Sönderups Haus und die Straßen überschauen konnte. Ich erwähnte, daß sich die Einheimischen bei Dunkelheit an der Kastanie vorbeidrückten. Ich gab meine Hin- und Rückschleichwege preis, schilderte, was ich durch Peter Sönderups Wohnzimmerfenster beobachtete. Er sollte glauben, daß ich alles auspackte, was ich wußte. Um so besser konnte ich verbergen, was er nicht erfahren durfte. Ich beschrieb ihm den Bau von Pfeil und Bogen und meine Schwierigkeiten mit den Pfeilen und deren Erprobung. Ich führte ihn mit meinen Worten an eine einsame Stelle des Süderhaffs – ohne Sylvie natürlich –; ich ließ ihn miterleben, wie ich zielte und schoß und von Zeit zu Zeit über den Deich schaute, ob ich mit ungebetenen Zuschauern rechnen mußte. An dieser Stelle meines Berichts schob ich gleich ein, daß ich bei den Probeschüssen eine Rote-Hahn-Karte ruiniert hätte, machte ihm mit beiden Handflächen vor, wie man Bogen und Pfeil ausrichten mußte, damit die Karte nicht beim Schuß hakte. Und eben *das* sei mir passiert! Ich hatte nur drei Karten vorbereitet gehabt und mir darum eine Ersatzkarte drucken müssen. Den ersten Kartoffelstempel hätte ich bald vernichtet, weil er eingetrocknet und nicht mehr zum Druck zu verwenden gewesen wäre. Ich fertigte einen neuen an. Der erste Hahn wäre mir besser gelungen – fast ein halbes Dutzend Kartoffeln wären dabei draufgegangen ... (Schade, daß Sylvie nicht miterleben konnte, wie ich sie herauslog.) Mit dem Ersatzhahn hätte ich mir dann nicht mehr so viel Mühe gemacht. Dementsprechend sei er ausgefallen. Eine Mischung aus Lüge und Wahrheit, die er nicht nachprüfen konnte.

Und keinen Hinweis auf Sylvie ...

Ohne mich zu unterbrechen, hatte Graueule mir aufmerksam zugehört.

„Hast du diese letzte Rote-Hahn-Kartoffel noch aufbewahrt? Könntest du sie mir zeigen?“

„Nein“, sagte ich. „Kann ich nicht. Die hab’ ich zerschnippelt und durch den Lokus gespült.“

„Du arbeitest ziemlich gründlich, scheint mir“, murmelte er. „Und ich habe mir fest eingebildet, daß zwei verschiedene Personen diese Hähne fabriziert haben müßten ... Herr Rückert, dein Zeichenlehrer, hielt das auch für wahrscheinlich, wollte sich aber nicht festlegen. Ich habe ihn gestern in seiner Wohnung befragt. – Ist Sylvie Tackert deine Freundin? Du hast doch sicher schon eine Freundin, Markus?“

Was fiel ihm ein, nach Sylvie zu fragen! Von Tante Lene hatte er bestimmt kein Wort über unsere Freundschaft gehört. Sie wußte es. Und von Jumbo auch nicht ... Von wem ...?

„Ich habe keine Freundin“, sagte ich und versuchte dabei, die Wut zu verbergen, die ich hatte. „Jedenfalls noch keine feste. Natürlich kenn’ ich Sylvie Tackert von der Schule her. Sie geht in die Klasse unter mir.“

Er blieb stehen, bohrte mit einer Hacke im Sand herum. „Die fehlenden Fingerabdrücke auf den Rote-Hahn-Karten ... dafür kannst du mir wohl keine passende Erklärung anbieten?“

„Nein.“

„Hast du mir wirklich alles erzählt?“

„Ja.“

Bei dieser elenden Fingerabdruckgeschichte hatte ich von Anfang an kein gutes Gefühl gehabt. Jetzt mußte ich stur den Ahnungslosen spielen; denn jedes Wort zuviel zeigte auf Sylvie. Das war keine glückliche Idee von ihr gewesen.

„Du verstehst dich ziemlich gut auf Fenster und nächtliche Ausflüge. Du bist doch wohl nicht bei Polizeimeister Tackert eingestiegen und hast die Fingerabdrücke auf den Karten abgewischt?“

Halb nach Spaß und halb nach Ernst hörte sich das an.

Allzuweit war Graueule nicht von der Wahrheit entfernt. „Quatsch!“ tat ich empört. „Ich bin kein Einbrecher. Und was weiß ich schon von Fingerabdrücken!“ Hoffentlich gab er nun Ruhe.

„Gut. Lassen wir das. Vielleicht findet sich irgendwann noch eine Erklärung dafür . . . Markus, du glaubst wohl, du hättest dir immer alles gut überlegt?“

„Ja.“

Was sollte das?

„Du hast den alten Sönderup gehaßt?“

„Ja.“

„Und ist dir nie der Gedanke gekommen, daß du ihm möglicherweise Unrecht tatest?“

War mir dieser Gedanke gekommen? Damals, als ich mit Tante Lene darüber sprach? Ich konnte ihr nicht glauben. Und ich konnte auch nicht ahnen, was später geschah.

„Nein“, sagte ich.

„Weil du glaubtest, er sei mitschuldig am Tode deines Vaters?“

„Ja.“

„Glaubst du immer noch fest daran?“

„Nicht mehr so wie früher. Peter Sönderup ist tot.“

Warum stellte er so viele unnötige Fragen? Warum machte er Umwege? Warum fragte er nicht gleich . . .?

„Und mich“, sagte er, „hat man nach Tarrafal geschickt, um herauszufinden, wer oder was das Feuer verursacht hat. Peter Sönderup ist tot. Verbrannt. Sein Tod war ein Unglück – aber ein Unglück, das nur geschehen konnte, weil sein Haus in Flammen aufging. Ein Unglück, an dem irgendeiner die Schuld trägt, glaube ich. Und wenn es nicht so sein sollte, brauchte ich auch dafür eine Erklärung.“ Jetzt schaute er mich an. Er war nicht viel größer als ich. „Diese roten Hähne sind eine verfluchte Sache, Markus. Sie bedeuten Feuer und Drohung, Brandstiftung und Angst. Und es *hat* gebrannt!“

„Aber ich war's nicht! Ich hab's nicht getan!“ schrie ich ihn an.

Ihn berührte mein Brüllen gar nicht. „Ich möchte dir gern glauben“, sagte er ruhig. „Aber glauben reicht nicht: Ich muß es genau wissen! Du wirst mir noch mehr Fragen beantworten müssen.“

Unsere Schritte knirschten auf dem feuchten Sand. Wir schauten beide nicht auf das Wasser, das nun seinen höchsten Stand erreicht hatte. Wir blickten auf unsere Füße, und wir dachten beide nach.

Die Fragerei ging weiter. Und die schwierigen Stellen für mich kamen erst noch.

„Gestern“, sagte er leise, „gestern nachmittag war ich auf dem Friedhof in eurer Kapelle – dienstlich und weiß Gott nicht gern. Da oben liegt Peter Sönderup oder das, was von ihm übrig ist. Ich hab's mir anschauen müssen und ein Amtsrichter auch – als Zeugen. Ein Arzt in Gummischürze machte die Obduktion. Der Amtsrichter und ich hielten nicht lange aus. Wir flüchteten vor die Tür. Uns wurde übel ...“

Hör auf! dachte ich. Hör auf damit!

„Obduktion bedeutet Leichenöffnung: Der Arzt will die Todesursache feststellen. Ich muß oft dabeisein, und ich renne jedesmal raus.“

Jetzt schaute er mich an, sah wohl, daß ich weiß im Gesicht war und krampfhaft schluckte. Mir war vom Zuhören schlecht. Wollte er das?

„Wir setzen uns für eine Zigarettenlänge“, sagte er. „Drüben am Hang ist eine Grasstufe. Ich muß eine rauchen.“

Während wir uns niederließen, sprach er weiter: „Ich weiß, das hört sich alles andere als angenehm an. Aber du bist alt genug, um es zu erfahren, und ich will es dir nicht ersparen. Wer rote Hähne in ein Hausdach schießt, darf sich nicht vor dem drücken, was danach geschieht. Im nächsten Monat wirst du vierzehn Jahre alt. Dann behandelt dich das Gesetz nicht mehr wie ein Kind. Du kannst zur Verantwortung gezogen werden, falls du eine Straftat begehst, und man sie dir nachweisen kann."

„Ich habe Peter Sönderups Haus nicht angezündet", sagte ich leise vor mich hin. Ich war nahe daran, alles zu sagen.

Er steckte sich eine Zigarette zwischen die Lippen, schaute auf die Schachtel, zögerte . . . „Du auch?" Ich nahm eine – nur, um etwas in der Hand zu halten. Ich rauchte sonst nicht, obwohl es gar nicht so wenige in meiner Klasse schon tun.

Das erste Streichholz zerbrach, als er rieb. Er mußte ein zweites nehmen: Das hatte ich schon einmal beobachtet.

„Wie vorgestern an der Kastanie", rutschte mir heraus.

„An der Kastanie . . .? Ach so –" Er erinnerte sich. „Der beobachtende Detektiv, was? Wo hattest du dich denn versteckt? Hinter dem Steinwall?"

„Nein. Auf Anton Sellmers Schuppendach hinter einem Pappkarton."

„Mir ist nichts aufgefallen", sagte er kopfschüttelnd.

„Ich habe mich auch nicht vom Fleck gerührt, solange Sie in der Nähe waren. Dabei bekam ich einen kalten Bauch und ein steifes Genick."

Vor uns zog sich das Wasser zurück. Der Ebbstrom begann zu saugen. Zwanzig Meter rechts schob sich die Steilwand des roten Kliffs wie eine gewaltige Nase vor. Ich wünschte, daß es bald vorbei wäre. Aber es dauerte noch einmal so lange: Wir hatten den gleichen Rückweg vor uns. Ich pustete den Rauch aus, kaum, daß ich ihn in die Mundhöhle gesogen hatte. Dann standen wir auf.

„Wir wollen den Rest hinter uns bringen", sagte Graueule. Den Weg meinte er damit bestimmt nicht – er meinte das, was er noch von mir erfahren wollte . . .

„Warst du in der Brandnacht auf deinem Ausguck in Hageldorns Kastanie?"

„Ja."

„Von wann an?"

„Um zehn bin ich aus dem Haus gegangen. Zwanzig Minuten brauchte ich für den Hinweg mit Umweg. Dann tauchte Jumbo auf. Gegen halb elf saß ich oben im Baum."

Er holte Notizbuch und Kugelschreiber heraus, blieb stehen, schrieb. Notierte die Uhrzeit, nahm ich an.

„Und bis wann bliebst du im Baum?"

„Bis zum Feuer." Jetzt hatte ich es zugegeben. Ich konnte nicht mehr zurück.

„Du hast wirklich mitangesehen, wie das Feuer ausbrach, Markus?" – „Ja."

„Um welche Uhrzeit war das? Hast du zufällig auf die Uhr geschaut? Sonst versuch sie so genau wie möglich anzugeben. Es ist wichtig."

Die Uhrzeit war ihm wichtig. Warum fragte er nicht gleich, wer's gewesen war!

„Auf die Uhr geschaut hab' ich nicht", sagte ich. „Aber ich krieg's ungefähr hin. Um fünf Minuten nach elf sah ich zum letzten Mal auf die Uhr, weil Peter Sönderup seinen Rundgang ums Haus immer kurz nach elf begann. Gleich darauf stand er auch schon in der Haustür. Zehn Minuten war er draußen – nicht länger. Dann gingen die beiden Sönderups ins Bett. Das hat eine Viertelstunde gedauert, höchstens eine Minute mehr oder weniger. Ich weiß das, weil ich früher mal ihre Zubettgehzeit gestoppt habe. Es war immer dasselbe – nach den Gewohnheiten der beiden konnte man die Uhr stellen. Danach besuchte mich Sönderups Kater – fünf Minuten. Dann noch drei bis vier Minuten ... Zwischen zwanzig und fünfzehn vor zwölf muß es gewesen sein", sagte ich, und er notierte.

„Und wer war's?"

Ich hatte auf diese Frage gewartet, aber er knallte sie mir so plötzlich entgegen, daß mir die Antwort im Hals steckenblieb.

„Wer war der Brandstifter? Raus damit!"

„Ein Zigarrenstummel war's!“

„Wie ...? Willst du damit sagen, daß ein Zigarrenstummel das Feuer auslöste?“

„Ja.“

„Und diesen Stummel steckte jemand in Sönderups Dach?“

„Nein. So war es nicht. Er wurde von einer Windbö erfaßt und auf das Dach geweht.“

Er blieb stehen, hielt mich fest, starrte mich aus zusammengekniffenen Augenschlitzen an. Jetzt kam die gefährliche Klippe.

„Eine Bö trug einen Zigarrenstummel aufs Dach ... Gut. Lassen wir es dabei. Doch Zigarrenstummel fliegen nicht von ungefähr in der Luft herum. Also dann – wer warf die Glut weg, Markus?“

„Ich weiß es nicht.“

„Aha. Er weiß es nicht ...“ Graueule nickte bedauernd vor sich hin. „Und wenn du nun ein paar Minuten überlegst, wäre es möglich, daß es dir dann wieder einfällt?“

„Mir kann nichts einfallen, was ich nicht gesehen habe.“

„Aber du weißt genau, daß es sich um einen Zigarrenstummel handelte? Könnte es auch eine Zigarette gewesen sein?“

„Für eine Zigarette war die Glut zu groß.“

Es *war* ein Zigarrenstummel. Derjenige, der ihn wegwarf, rauchte nur Zigarren ...

„Eine Bö sagtest du? Ein Zigarrenstummel flog durch die Luft. Du sahst es. Wo landete er?“

„Es war so: Zuerst sah ich die Glut auf der Straße liegen – nur einen Moment, dann faßte der Wind sie, schleuderte sie auf Sönderups Dach dicht neben den Giebel.“

„Und das alles hast du durch dein Fernglas beobachtet, Markus?“

„Das Fernglas war mir aus der Hand gefallen. Ich sah's mit bloßen Augen.“

„Soso – es fiel dir aus der Hand … Ein Zigarrenstummel fliegt durch die Luft! Und niemand hielt ihn in der Hand! Dafür fällt einem ein Fernglas aus den Händen! Ein bißchen viel auf einmal, Markus. Wir wollen es mal anders versuchen …"

Graueule schaute sich suchend um, tat ein paar schnelle Schritte vom Ufer weg, zog einen dürren Stock aus dem lockeren Sand. Vor der Buhne, auf der feucht-glatten Fläche, ging er in die Hocke und ritzte zwei gerade, parallele Linien in den Sand.

„Das ist die Straße zwischen Hageldorn und Sönderup", erklärte er halblaut. „Wir schauen zu Sönderups Haus hinüber." Der Stock zeichnete ein langes Rechteck und zwei Querlinien ein, dazwischen ein Dreieck, so als wäre der Giebel auf das Haus gekippt. „Sönderups Haus mit Giebel", sagte er. Gegenüber ritzte er wieder ein langes Rechteck ein, davor einen Kreis, der halb über die Straße ragte. Doch den Kreis wischte er wieder aus und legte dafür einen faustgroßen Stein an dieselbe Stelle. „Hageldorns Haus mit Kastanie. So richtig?" erkundigte er sich.

Ich verschob den Stein etwas nach links und rückte Hageldorns Haus-Rechteck weiter von der Straße weg. „Hageldorn hat mehr Vorplatz", erklärte ich ihm. „Und die Kastanie steht nur halb vor dem Giebel. Der Wall verläuft so …" Ich ritzte noch eine Linie, die neben dem Stein abknickte und im rechten Winkel auf das Haus zulief. „Und die Straßenlaterne fehlt noch." Ich markierte sie durch eine weiße Herzmuschelschale.

„Mach weiter!" forderte er mich auf.

Ich zeichnete noch Anton Sellmers Haus ein, den Schuppen, die Straßenkreuzungen rechts und links und hinter Sönderups Rechteck noch eins für David Küppers' Haus.

Er tippte auf den Stein.

„Dort hast du gesessen. Was konntest du alles übersehen?"

„Mal überlegen“, sagte ich.

Jetzt aufpassen, Markus! Ich war in der ganzen Kastanie herumgeklettert, damals, als sie noch dicht belaubt war und später, als die Blätter fielen. Ich kannte in ihrer Krone jeden Ast und jede Aussicht. Nun verlegte ich meinen Sitzplatz in Gedanken eine Astgabel tiefer, als er in der Brandnacht gewesen war.

Herr Bank durfte gern in die Kastanie steigen und alles mit eigenen Augen nachprüfen.

„Peter Sönderups Haus konnte ich gut überschauen und bis Anton Sellmer reichte es auch noch“, sagte ich vorsichtig. „Von der linken Straßenkreuzung sah ich ein gut Teil, von der rechten nicht so viel. Äste und Zweige schlängelten sich durch mein Blickfeld.“

„Was sahst du von Hageldorns Haus?“

„Wenn ich mich drehte – die Haustür und etwas von der Hauswand.“

„Wo genau sahst du diesen Zigarrenstummel zuerst? Zeig mir bitte die Stelle!“

Ich beugte mich über die Sandzeichnung und setzte meinen Finger zwischen seine Straßenlinien. „Hier! An Hageldorns Straßenseite, etwas rechts von der Straßenlaterne.“

Er nahm die Zigarettenkippe aus dem Mund und legte sie in die kleine Grube, die mein Finger in den Sand gedrückt hatte. Es zischte leise, als die Glut von der Feuchtigkeit getötet wurde.

„So richtig? Keine Verbesserungen mehr?“ fragte Graueule.

„Keine“, antwortete ich.

„Dann werde ich unsere Sandmalerei in mein Notizbuch übertragen. Tatortskizze nennt man das.“

„Hör zu –“, fing er wieder an. „Du sitzt in der Kastanie ... Du beobachtest Sönderups Haus, aber auch, was um dich herum vorgeht ... Plötzlich siehst du einen Zigarrenstummel ... Sagst du! – Und ich sage dazu: Daß es ein

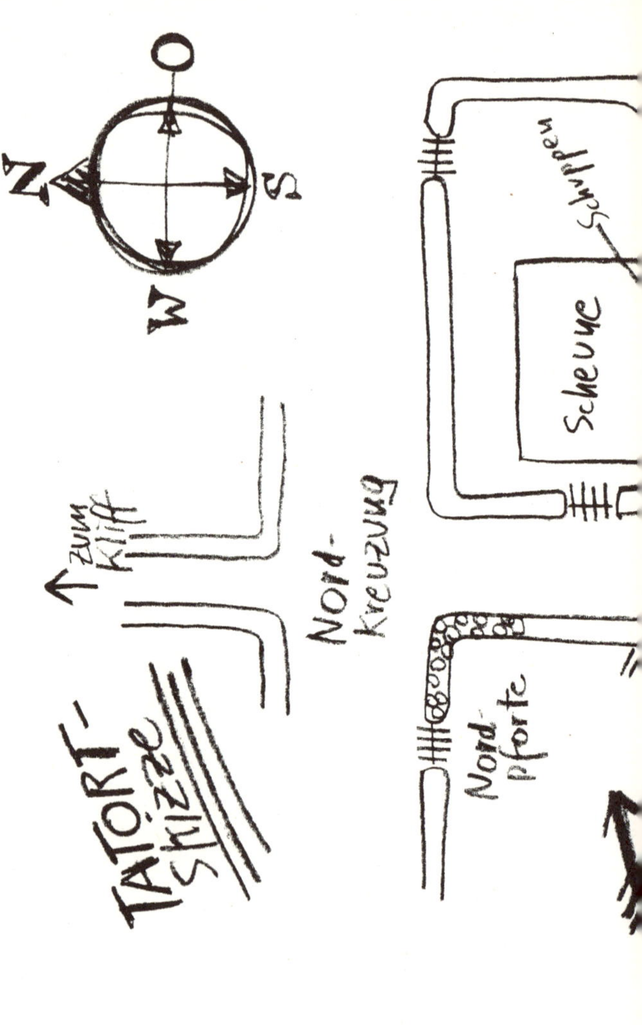

Grafik: Günter Bosch

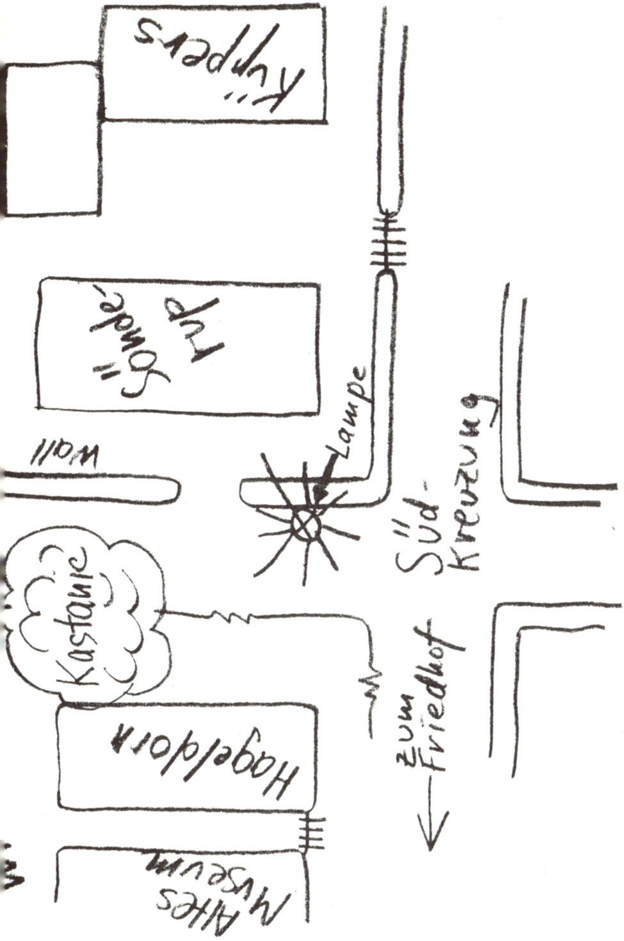

Küppers
Sönde-
rup
Wall
Lampe
Süd-
kreuzung
Kastanie
Hageldorn
Altes
Museum
zum
Friedhof

Zigarrenstummel war, der von der Straße her auf Sönderups Dach flog, weiß ich nur durch deine Aussage. Ich will nicht behaupten, es *sei* so gewesen; aber es *könnte* so gewesen sein: Es war keine Zigarre – es war eine Zigarette! Und nicht ein unbekannter Jemand hat sie geraucht: *Du* hast sie geraucht, oben im Baum! *Du* hast die Kippe weggeworfen!"

„So war es nicht!" schrie ich ihn an. Darum hatte er mir eine Zigarette angeboten: Er wollte nur erfahren, ob ich rauchte!

„Nein? Dann anders: Du hast die Kippe nicht weggeworfen – sie wurde dir vom Wind aus der Hand gerissen! War es so, Markus?"

„Nein. Es war so, wie ich erzählte. So blöd, daß ich mich und mein Versteck durch eine glühende Zigarette verrate, bin ich nicht. Ich rauche nicht. Ich habe eine Zigarette von Ihnen genommen, ja. Aber ich hab' doch bloß so vor mich hingepafft."

„Und ich bin gewohnt, daß man mich belügt", knurrte er vor sich hin. „Weiter – es *war* ein Zigarrenstummel. Wie wurdest du auf ihn aufmerksam? Sahst du zufällig in die richtige Richtung?"

Er ließ mir keine Ruhe, hetzte mich mit seinen Fragen. Und ich schlug Haken, wie ein verfolgter Hase. Gut, daß ich es mir gestern abend so oft vorgebetet hatte.

„Ich wollte Schluß machen in der Kastanie. Zu beobachten gab es nichts mehr. Die Sönderups waren ja zu Bett gegangen. Ich hatte mich über eine Stunde nicht vom Platz gerührt. Mir war kalt. Der Wind hatte eher noch zugelegt als abgeflaut. Die Böen folgten einander in kürzeren Abständen. Sönderups Wetterhahn quietschte dazwischen ... (Ich redete ja zu Sylvie!) da rutschte mir das Fernglas aus der Hand –"

„Moment", unterbrach mich Graueule. „Hattest du denn den Riemen nicht um den Hals gelegt?"

„Nein“, sagte ich, „nein, hatte ich nicht.“ Scheiß – an den Riemen hätte ich denken müssen! Nun war es zu spät. Mir fiel so schnell nichts ein.

„Weiter.“

„Ich hatte mich schon halb herumgedreht, tastete mit den Füßen nach dem unteren Ast . . . Da glaubte ich Schritte zu hören – nahe der Kreuzung. Ich schob mich schnell wieder auf meinen Sitz zurück, und dann sah ich auch schon die rote Glut auf der Straße rollen! Eine kurze Strecke nur – dann faßte die Bö zu, hob den Stummel auf und aufs Dach damit! Da war jemand auf der Straße, und ich sah ihn auch. Aber undeutlich. Erkennen konnte ich ihn nicht.“

„Hier – mach ein Kreuz, wo du ihn sahst.“ Er hielt mir das Notizbuch unter die Nase, drückte mir den Kugelschreiber in die Hand.

Ich malte mein Kreuz: an Hageldorns Ecke der Straßenkreuzung. Da saß es am günstigsten . . .

„Sahst du die Person von vorn? Oder von hinten?“

„Von der Seite. Er verschwand hinter Hageldorns Hausecke.“

„Du sagst ‚er‘. Bist du sicher, daß es ein Mann war?“

„Es *war* ein Mann. Bestimmt.“

„Du hast ihn nicht erkannt, behauptest du. Dein Fernglas war dir ja aus der Hand gefallen. Trotzdem bist du sicher, daß es ein Mann war?“

Herrgott, wie der einen in die Mangel nehmen konnte! Schon wieder eine Klippe: Ich wollte zugeben, daß ich jemand sah, nur nicht, daß ich ihn erkannte!

„Ich sah Hosenbeine, und er ging wie ein Mann. Frauen gehen anders.“

„Ist dir sonst etwas aufgefallen? Trug er einen Hut?“

„Hut? Nein, Mütze, glaub ich.“

„Noch etwas?“

„Er schwankte ein bißchen, kam mir vor.“

„Betrunken vielleicht?“

„Weiß nicht. Kann auch der Wind gemacht haben. Ich sah ihn ja nur wenige Augenblicke."

„Ein Zigarrenstummel und ein Mann ohne Gesicht . . .", murmelte Graueule vor sich hin.

„Wohin ging er?"

„Ich sagte schon – er verschwand hinter Hageldorns Hausecke. Ging in Richtung Kirche."

„An der Kastanie ist er nicht vorbeigekommen?"

„Nein, dann hätte ich ihn bestimmt bemerkt."

„Und aus welcher Richtung, meinst du, kam er?"

Ich zuckte mit den Schultern. „Da er nicht an der Kastanie vorbeikam, kann er nicht vom Kliff her gekommen sein. Und weil er die Richtung nach Westen zur Kirche hin nahm, bleiben nur zwei Richtungen übrig. Ich müßte raten, denn ich weiß es nicht."

Wir brachten den zweiten Zaun hinter uns. Tarrafal rückte näher. Und die Fragen, die er mir noch stellen konnte, wurden weniger. Noch nie in meinem Leben hatte ich so viele Fragen in so kurzer Zeit beantworten müssen. Und er fing schon wieder an . . .

„Wieviel Zeit kann vergangen sein von dem Augenblick an, als du die Zigarrenglut zuerst entdecktest, bis du den Mann verschwinden sahst?"

„Eine – bestimmt nicht mehr als zwei Minuten", sagte ich, nachdem ich kurz überlegt hatte.

„Und danach bist du sofort vom Baum heruntergeklettert?"

„Ja. Das heißt – ich versuchte es."

„Erzähl mir genau, was dann geschah."

„Ich versuchte so schnell wie möglich nach unten zu steigen. Aber es ging nicht, wie ich wollte. Ich hakte mit dem Anorak über einen Aststummel und blieb hängen. Diesen Stummel benutzte ich sonst immer als Handgriff. Es gab ein Loch. Hier –" Ich drehte ihm meinen Rücken zu. „Sie können die Stelle sehen. Tante Lene Steenkamp hat sie geflickt. – Es dauerte eine Weile, bis ich mich losfummeln konnte …"

„Wie lange, bis du unten warst?"

„Zwei Minuten wohl. Mir kam's lange vor. Unten habe ich noch nach dem Fernglas gesucht."

„Und was dann? Weiter!"

„Ja, dann rannte ich durch die Nordpforte, und an der Wallecke sah ich dann den Feuerschein und Flammen hinter dem Giebel, hohe Flammen. Und jetzt bekam ich Angst: Sönderups Haus brannte. Und ich war allein! Ich weiß nicht, was ich noch alles dachte. Daß ich in der Kastanie gesessen hatte … Daß mich keiner sehen durfte … Daß man mir die Schuld an dem Feuer geben würde. Und dann fielen mir die beiden Sönderups in ihrem Giebelzimmer ein. Ich rannte durch die Pforte, klingelte an der Tür, sah einen Stein, nahm ihn, warf ihn durch das Schlafzimmerfenster. Er traf! Es klirrte! Davon mußten sie wach werden. Ich lief los, bog an der Kreuzung links ab und dann immer geradeaus durch die Allee. Dann heulte die Feuersirene los, und sie verfolgte mich, bis ich zu Hause ankam."

Es reichte ihm noch nicht. Er holte sich in seinem Notizbuch Rat, und ich mußte ihm noch haarklein berichten, wen und was ich zwischen halb elf und Viertel vor zwölf gesehen und gehört hatte. Ich fing mit Jumbo Tackert an … Und ich erzählte alles, bis auf ein Ereignis. Er ließ mich reden, versuchte nur immer wieder Uhrzeiten aus mir herauszuschütteln. Ich gab sie ihm. So genau, wie es mir möglich war. Als wir zwischen Bäcker Franzen und dem neuen Freibad den Sandweg hinaufstiegen, war ich wieder bei Viertel vor zwölf angelangt.

Mit diesem letzten Bericht war Graueule Bank anscheinend sehr zufrieden. Er stellte noch eine Frage.

„Markus, in deinem Bericht sind zwei Leute in zwei Häuser hineingegangen. Wen sahst du wieder herauskommen?"

„Niemanden“, sagte ich.

Wir trennten uns. Er ging geradeaus, und ich nahm den Feldweg.

Schlimmer konnte es auch nicht sein, wenn man durch Mutters Heißmangel gequetscht wurde. Er hatte mich ausgewrungen wie ein Handtuch. Jetzt konnte ich Sylvie erzählen, was ein Polizeiverhör bedeutete …

Theo Bank: Die ganze Wahrheit?

Am Samstag, noch vor dem Mittagessen, bekam ich meinen Mann: Er stand nicht im Notizbuch!

Ich hatte den Flickenteppich zusammengestückelt, die einzelnen Fetzen an die richtigen Plätze geschoben, was wichtig und bedeutsam war, in die Mitte gerückt und die weniger wichtigen Tatsachen um den Rand herum angeordnet. Es gab ein paar Löcher, die ich mit Vermutungen füllen mußte, aber sie verdarben meine Geschichte nicht. Manche Bruchstücke paßten nicht ganz nahtlos zusammen, ließen Spalten und Zwischenräume – das waren die kleinen und großen Lügen, die ich nicht nachweisen konnte oder wollte.

Die Lösung für den „Fall Tarrafal“ fand ich noch am gleichen Abend, nachdem ich Markus Unschlitt auf dem langen Marsch am Strand verhörte. Doch ich mußte noch bis zum nächsten Morgen warten, um zwei Personen zu befragen, die mir die endgültige Bestätigung brachten.

Ich entschied mich, die geheimnisvolle Zigarrenglut als Wahrheit und nicht als Markus Unschlitts fragwürdige Erfindung zu nehmen. Ich war überzeugt, daß der Junge die Person kannte, die diesen Zigarrenstummel auf die Straße schleuderte, sie aber aus irgendwelchen Gründen mit der Inbrunst und Starrsinnigkeit eines Vierzehnjährigen nicht verraten wollte. Ein Fernglas, das ihm genau im rechten Augenblick aus den Händen fiel, weil er den Lederriemen nicht um den Hals legte ... Seine Überraschung und Verlegenheit, als ich ihm diese Frage wie aus dem Hinterhalt an den Kopf warf ... Nein, diese Lüge war zu dünn und zu durchsichtig.

Ein Zigarrenraucher war es. Und ich hatte mehrere zur Auswahl, die in jener Brandnacht unterwegs gewesen waren.

Frau Steenkamp empfing mich an der Haustür, als ich

von dem Treffen mit Markus Unschlitt zurückkam. Ihr Gesicht konnte ihre Besorgnis nicht verbergen.

„Glauben Sie jetzt noch immer, daß Markus Unschlitt Ihr Täter ist?“ fragte sie. – „Nein.“

„Das wollte ich nur wissen.“

Vielleicht hätte sie gern mehr erfahren; aber ich gab mich wortkarg. Ich wollte allein sein und Zwiesprache mit meinem Notizbuch halten.

Ich rückte Markus Unschlitt in die Mitte meines Flickenteppichs. Er war die Hauptperson; denn er hatte die Dinge verwirrt. Rund um ihn herum ordnete ich den verschwundenen Wetterhahn, den umgesägten Birnbaum, drei Pfeile und drei rote Hähne an – Geschehnisse, für die er verantwortlich war. Und Hageldorns Kastanie gehörte zu ihm, der Unglücksbaum, an dessen langem Ast sich Titus Unschlitt, sein Vater, erhängte. In ihrem Geäst saß er viele Nächte, glaubte, seinem Vater nahe zu sein, beobachtete einen Feind, den er sich gewählt hatte, um hassen zu können. Schoß rote Hähne in dessen Dach, spielte mit dem Feuer ... Das waren Vermutungen und Tatsachen. Zu Markus gehörte eine Mutter, die am Leben wie am Tode ihres Mannes krankte, die ihm nicht helfen konnte – die sich selber nicht helfen konnte. Zu Markus gehörte ein Stein, den er in der Brandnacht durch ein Giebelfenster warf, um die vom Feuer bedrohten Sönderups zu wecken. Ganz dicht bei Markus Unschlitt, sozusagen als heller Fleck, das Mädchen Sylvie, die Freundin, die er vor dem Ertrinken rettete. Sie *war* die Freundin – gerade, weil er es so heftig ableugnete. Neben Sylvie setzte ich das Fragezeichen für die abgewischten Fingerabdrücke. Wieder eine Vermutung: Sie konnte in Erfahrung bringen, wo diese Beweismittel aufbewahrt wurden; sie konnte ohne Schwierigkeiten an die entsprechenden Schlüssel heran und – sie war mit Markus befreundet ... Eine Sache, der ich nicht weiter nachzugehen brauchte, weil sie nichts mit der Endlösung des Falles zu tun hatte.

Markus Unschlitt war kein Brandstifter! Und ich nahm inzwischen soviel Anteil an den Geschehnissen, daß ich mich darüber freute.

Lene Steenkamp war Zigarrenraucherin.

Lene Steenkamp war die kluge, alte Tante im Hintergrund, die Markus vor allem Übel bewahren wollte. Eine Frau, die ihre Liebe auf andere übertrug, weil sie allein war. Eine Frau, die sich einem Vierzehnjährigen nicht aufdrängte, aus Angst, seine Zuneigung zu verlieren. Die sich einen Kriminalbeamten in ihr Haus einlud, um rechtzeitig zu erfahren, ob und wann Markus Gefahr drohte. Lene Steenkamp mußte Markus beobachtet haben, als er in der Brandnacht aus dem Fenster kletterte. Das griffbereite Fernglas auf der Fensterbank . . . Dann war sie selber in die Nacht hinausgegangen, aus Unruhe und Sorge um ihren Liebling. Sie sah mehr, als sie zugab: Sah sie Flammen? Drückte *sie* den Feuermelder? Ich vermute es! Aber *wer* es auch war – der Feueralarm war nicht mehr wichtig . . . später mußte sie sich vor Angst und Sorge verzehrt haben, bei dem Gedanken, daß ihr Markus es vielleicht doch gewesen sein könnte . . . Darum die Einladung . . . Gut, daß Markus es nicht tat – sie hätte sonst einen Meineid geschworen.

Lene Steenkamp war es auch nicht.

Kollege Tackert war Zigarrenraucher.

Kollege Tackert hatte Blut und Wasser geschwitzt. Kollege Tackert hatte sich um Markus Unschlitt gesorgt, wie Lene Steenkamp. Tackert war Polizeibeamter. Daß ein Junge die eigene Tochter vom Tode des Ertrinkens rettet, kann kein Vater vergessen. Und ein Polizeibeamter wird befangen und parteiisch, auch wenn ihm sein Verstand und seine Berufserfahrung immer wieder einflüstern: Er müßte es getan haben! Es spricht zuviel dafür! Kollege Tackert gab Informationen weiter, die er nicht verbergen durfte, weil er als Beamter nicht anders handeln konnte. Aber nicht mehr!

Was der gute Jumbo wohl zu den Fingerabdruck-Heimlichkeiten seines Töchterleins sagen würde? Von mir würde er nichts erfahren. Es ist eine Vermutung, die ich noch nicht einmal in meinem Schlußbericht zu erwähnen brauche.

Tackert war Zigarrenraucher und in der Brandnacht unterwegs gewesen.

Polizeiobermeister Tackert war es auch nicht.

David Küppers, der Feuerwehrchef, der Mann mit den vielen Berufen, der Schwätzer, der Unsympathische, rauchte Zigaretten. Das schloß nicht aus, daß er in der fraglichen Nacht doch eine Zigarre geraucht haben könnte. Küppers besuchte seinen Nachbarn Sellmer gegen 22 Uhr 50, betrat dessen Haus durch die Vordertür – das sah Markus Unschlitt von der Kastanie aus. Er verließ Sellmers Haus um 23 Uhr 25 durch die Hintertür und suchte nach einem kurzen Abstecher ans Kliff sein eigenes Haus und sein Bett auf. Für die Hintertür und die Uhrzeit zeugte Anton Sellmer. Für den Abstecher ans Kliff gab es keinen Zeugen, auch nicht für die Zeit, zu der Küppers das Bett aufgesucht haben wollte, nur seine eigene Aussage. Küppers war Witwer. Markus Unschlitt hatte Küppers in Sellmers Haus hineingehen, aber nicht herauskommen und danach überhaupt nicht mehr gesehen. David Küppers gehörte zu jenem Menschentyp, dem ich gern eine Brandstiftung zugetraut hätte.

Aber David Küppers war es nicht.

Der Antiquitätenhändler Anton Sellmer war Pfeifenraucher. Sellmer hatte Besuch empfangen, aber selber das Haus in der Brandnacht nicht verlassen. Seine Frau bezeugte das. Auch Markus Unschlitt hatte nicht beobachtet, daß Sellmer zu irgendeiner Zeit sein Haus verließ.

Anton Sellmer war es nicht.

Am nächsten Morgen befragte ich einen kreuzfidelen Niklas Hageldorn, der von dem Besuch seines Enkelkindes zurückgekehrt war. Das Schild hing nicht mehr im Schaufenster. Niklas Hageldorn war Nichtraucher. Er bot nur Zigarren an, bei besonderen Anlässen auch mal einen oder mehrere Schnäpse. In der Brandnacht hatte es einen besonderen Anlaß gegeben: das Großvatertelegramm! Gegen Viertel vor elf sei Tim Weppler mit dem sehnlichst erwarteten Telegramm gekommen, berichtete Hageldorn mir. Ja, ja – natürlich hätten sie darauf angestoßen. Mehr als einmal, oft. Er, Hageldorn sei wohl betrunken gewesen, aber der gute Tim Weppler noch mehr ... Die Geburt des ersten Enkelkindes wäre schließlich ein Anlaß. Ja, der Briefträger sei kurz vor zwölf gegangen.

Eine Viertelstunde vor?

Ja, eine Viertelstunde ungefähr ... Er, Hageldorn, habe nicht auf die Uhr geschaut. Tim Weppler verließ das Haus mit einer brennenden Zigarre – daran könne er sich erinnern. Ob das denn wichtig wäre? Es *war* wichtig! Markus Unschlitt sah und hörte, wie der Briefträger Hageldorns Haus betrat. Er wollte nicht gesehen haben, wie er Hageldorns Haus verließ. Und das mußte eine Lüge sein!

Tim Weppler, der Briefträger von Tarrafal, war der Mann, den ich suchte. Er war betrunken gewesen, hatte geschwankt (da hatte Markus die Wahrheit gesagt), er verließ Hageldorns Haus mit brennender Zigarre.

Aber Tim Weppler war kein Brandstifter!

Es gab keinen Brandstifter in Tarrafal.

Als ich Weppler vernahm und ihm sagte, worum es ging, wurde er leichenblaß. Er konnte sich erinnern, daß er eine Zigarre in der Hand gehabt hatte, als er das Haus verließ. Und vom Zeitpunkt an, als die frische Luft auf ihn einwirkte und seinen Rausch noch verstärkte, erinnerte sich Tim Weppler an nichts mehr. Er fiel ins Bett, und seine Frau konnte ihm erst am nächsten Morgen von dem Brand des Sönderup-Hauses und dem Tod Sönderups berichten. Er selbst brachte seine Person zu keiner Zeit mit den Geschehnissen der Nacht in Verbindung.

Ich glaubte ihm.

Die Lösung war ein starker Westwind und ein glühender Zigarrenstummel in der Hand eines betrunkenen Postboten, der sich einen Rausch antrank, weil er einem Mitmenschen außerdienstlich einen Gefallen tat, indem er ihm eine freudige Nachricht überbrachte. Er handelte fahrlässig, weil er eine brennende Zigarre wegwarf. Und wiederum konnte man ihm keine bewußt fahrlässige Handlung vorwerfen, weil er betrunken war. Außerdem bestand noch die Möglichkeit, daß ihm der Wind die Glut von der Zigarre blies oder ihm die Zigarre aus der Hand riß – Einzelheiten, die nicht genau nachzuweisen waren.

Ich glaubte nicht, daß es zu einer Anklage kommen würde. Obwohl zunächst alles ein anderes Gesicht für mich zeigte, war es in Wirklichkeit nur eine Kette von Zufällen:

Wenn Niklas Hageldorn nicht Großvater geworden wäre, wäre der Postbote Tim Weppler nicht betrunken gewesen, ja, wohl überhaupt nicht in die Nähe des Sönderup-Hauses gekommen ...

Wenn an Stelle des starken Westwindes der Regen geplätschert hätte, wäre gar nichts passiert ...

Und wenn Markus Unschlitt nicht rote Hähne in Sönderups Dach geschossen hätte, wären keine Gerüchte aufgekommen und kein Verdacht auf Brandstiftung zu begründen gewesen.

Ich hätte meine Nachforschungen sehr bald eingestellt: Fall nicht zu klären ...

Der Name des Briefträgers stand noch nicht einmal in meinem Notizbuch. Auch Kollege Tackert hatte ihn mir nicht genannt: Ein Briefträger ist eine so bekannte Gestalt des täglichen Lebens, trägt eine so vertraute Uniform, daß er fast immer nur als „Beamter“ gesehen und als Mensch übersehen wird ...

Ich konnte abreisen.

Markus Unschlitt: Das Loch in meiner Geschichte

Graueule Bank, der Kriminalbeamte, reiste am Sonnabend ab. Ich trauerte ihm nicht nach.

Jumbo Tackert brachte ihn mit dem Polizeikombi zum Bahnhof. Wollte sich wohl überzeugen, daß der Mann, den er so ungern in Tarrafal sah, auch wirklich in den Nachmittagszug zum Festland einstieg.

Ich erfuhr es eine Stunde später von Sylvie, die gar nicht schnell genug erzählen konnte. Jumbos Gesicht, sagte sie, hätte wie ein Vollmond gestrahlt, als er vom Bahnhof zurückkehrte.

Graueule hatte Tim Weppler nicht verhaftet. Darüber war ich froh. Tim war kein Brandstifter – er hatte nur einen über den Durst getrunken. Irgendwann mußte ich ihm noch sagen, daß ich ihn nicht verraten hatte, daß der Kriminalbeamte von allein draufgekommen war.

„Ich hab' nichts gesehen, kannst dich drauf verlassen, Markus!“ sagte Tim Weppler einmal zu mir, und ich verließ mich auf sein Wort. Tim hielt sein Versprechen. Ich war genauso verschwiegen wie er. „Ich hab' auch nichts gesehen, kannst dich drauf verlassen, Tim!“ sprach ich in vier Tagen mehr als einmal vor mich hin. Und ich hielt ein Versprechen, das ich mir selber gab.

Dabei war es nicht leicht, einem Kriminalbeamten zu verbergen, was ich in der Brandnacht wirklich gesehen hatte. Graueule hetzte mich mit ausgekochten Fragen, ließ mir keine Ruhe, versuchte mich in sein Netz zu treiben: Daß Tim Weppler, unser Briefträger, den Zigarrenstummel aus der Hand warf, brachte er trotzdem nicht aus mir heraus! Aber Tim Weppler warf nur den Zigarrenstummel...

Was tat ich?

So war es: Sönderups hatten die Lichter gelöscht. Der Kater kam und machte sich wieder davon. Dem Bank rechnete ich die Uhrzeit mühsam vor. Das tat ich nur, um ihn glauben zu machen, daß ich nichts genau wußte. Ich schaute *doch* auf die Uhr, weil ich Schluß machen wollte. Es war nichts mehr los. 11 Uhr 38 zeigten die Zeiger – kann sein, daß meine Armbanduhr nicht auf die Minute genau ging. Da wußte ich ja noch nicht, wie wichtig Minuten einmal sein würden.

Schon tastete ich nach dem unteren Ast . . .

Dann öffnete sich Niklas Hageldorns grüne Haustür!

Spuckte erst eine gelbe Lichtbahn aus und dann einen torkelnden Briefträger!

Niklas Hageldorn lehnte im Türrahmen, hob die Hand zu einem kläglichen Winken, verschwand wie der Hamster in seinem Bau.

Die Tür schloß sich.

Tim, der gute Tim Weppler, schwankte über den Vorplatz auf die Straßenkreuzung zu. Er hatte Mühe, seinen Nachhauseweg zu finden.

Junge, Junge – du hast aber tüchtig einen sitzen! dachte ich noch . . .

Sah den glimmenden Zigarrenrest in seiner Hand. Tim rauchte nur Zigarren . . .

Da! Er warf ihn weg, schaukelte weiter, drehte sich nicht um. Wußte nicht, daß seine Hand leer war.

Ich setzte das Fernglas ab. Was nun geschah, sah ich mit bloßen Augen. Schnell ging alles – schneller, als man erzählen kann. Und doch stand die Zeit still.

Der Stummel rollte auf der Straße; noch spielte der Wind damit . . .

Dann griff die Bö zu!

Rote Glut fuhr durch die Luft, setzte sich auf Sönderups Dach. Nahe am Giebel (wie ich Graueule einredete!), nur nicht so nah, wie ich ihm beschrieb: Ich konnte den roten Punkt deutlich sehen!

Noch war es ein Punkt, ein feuriger Punkt auf einem großen Dach. Nicht größer als ein Markstück . . .

Was unternahm ich? Kletterte ich in rasender Hast vom Baum? Sprang ich auf die Straße, um Feuer! Feuer! zu schreien? Nein. Das tat ich nicht. Ich blieb oben im Baum. Ich rührte mich nicht. Ich wartete. Ich saß wie angeschraubt in meiner Astgabel.

Ich starrte auf das Dach von Peter Sönderup. Wartete . . .

Zwei Minuten? Drei Minuten? Länger? Ich sah, wie ein glühender Punkt sich ausbreitete . . .

Aus dem kleinen, roten Markstück schlüpften Flammen, regten sich, huschten hin und her. Fraßen sich ins Stroh, wuchsen, vor meinen Augen. Fraßen und wuchsen. Breiteten sich aus nach rechts und links, besonders nach oben strebten sie, zum Dachfirst hinauf . . .

Noch nicht!

Die Flammen bewegten sich schneller, wurden länger, grimmiger und wilder.

Noch nicht!

Die ersten erreichten den Dachfirst, fingen oben an zu tanzen. Und immer mehr kletterten hinauf, wollten mittanzen . . .

Jetzt!

Ich glitt aus Hageldorns Kastanie nach unten, blitzschnell, ließ mich von dem langen Ast auf den Erdboden fallen. Stürzte über den Steinwall, mitten durch die Heckenrosen. Der Himmel glühte schon . . .

Und jetzt sprang mich die Angst an!

Niemand in der Nähe? Nein! Niemand. Ich war allein auf der Straße.

Peter Sönderup! Christine! Sie würden verbrennen! Jetzt wußte ich es: Sie durften nicht verbrennen!

Ich hämmerte an die Haustür.

Ich fand einen Stein – irgendwo. Warf! Die Scheibe klirrte – laut! Sie mußten es hören! Mußten! Ich konnte nicht länger warten. Gleich würden sich ringsum die Fenster öffnen.

Ja! Das Licht im Giebelzimmer ging an. Sie waren wach! Weg! Ich lief, lief, lief ...

An den Feuermelder dachte ich nicht. Das tat Tante Lene.

Manchmal träume ich von jener Nacht. Dann laufe ich ums Leben, renne und schreie; denn Peter Sönderup droht mir mit der Faust aus einem zersplitterten Fenster. Hinter seinem Rücken sind keine Flammen – nur rot ist alles.

Dann wache ich auf. Habe ich laut geschrien?

Vier Minuten wartete ich, vielleicht auch fünf. Rührte mich nicht, bis es richtig brannte ...

Bin ich ein Brandstifter?

Niemand wird davon erfahren.

Niemand!

Morgen treffe ich Sylvie. Es paßt gut mit der Flut. Wir werden wieder auf dem großen Stein am Süderhaff sitzen ...

Über das Buch

Ein Junge rennt durch die Ulmenallee: Feuer im Nacken. So sagten die Franzosen, als sie das Buch übersetzten. Und das ist der richtige Titel. Leider ist er mir nicht selber eingefallen. Zuerst hieß das Buch „Der Brandstifter von Tarrafal", dann „Feuer um Mitternacht".

Ein Haus brennt. Ein Mensch kommt dabei um. Hat Markus Unschlitt das Feuer gelegt? Ist *er* ein Brandstifter? Oder ist alles ganz anders? Hat das Gerede, das Mißtrauen, das Verschweigen der Dörfler einen Grund?

Die Ereignisse im Buch wachsen an einem wahren Kern: Brandstiftungen und ein Täter aus der Dorfgemeinschaft. Ich habe die Brände nicht selber miterlebt. Meine Mutter versorgte mich telefonisch mit den neuesten Nachrichten. Durch ihren Mund erfuhr ich von der Angst und dem Mißtrauen: Der Nachbar traute dem Nachbarn nicht mehr.

Wahr ist die Landschaft. „Tarrafal" meint Keitum auf der Insel Sylt, das Dorf, in dem ich geboren wurde. Wer es besucht, kann die Steinwälle, die Heckenrosen und den schmalen Weg am Kliff wiederfinden, den Markus Unschlitt mit Jumbo Tackert gehen muß, einem Polizisten, der sich um das Wohl seiner Dorfbewohner sorgt. Markus Unschlitt wohnt in meinem Haus, aber beschrieben habe ich es, wie es aussah, als meine Großmutter noch lebte. Lene Steenkamps Haus wurde abgerissen und mußte einem neuen Platz machen. Ich habe das alte genommen, das eigentlich dem Dorfschmied Georg Weppler gehörte. Georgs Namen, seine Fröhlichkeit und sein breites Lachen gab ich dem Briefträger Tim. Dem Peter Sönderup mußte ich mein Großelternhaus väterlicherseits zuweisen, weil Niklas Hageldorns Haus mit den Kastanienbäumen gegenüberlag. Sein kleiner Laden verschwand um 1960 herum, und den Ast, von dem aus Markus seinen Feind Peter Sönderup belauert, sägte man ab, damit sich die Busse durchzwängen können.

Wahres und Erdachtes, wirkliche Namen und erfundene wurden gemischt, Charaktere vertauscht, Häusern ein anderes Gesicht gegeben. Daraus wuchs eine Erzählung.

Und erst auf den letzten Seiten erfährt man, was in der Brandnacht wirklich geschah.

Keitum auf Sylt, am 10. Juni 1990
Boy Lornsen

Allee, durch die Markus rennt, Feuer im Nacken

Haus, in dem Markus wohnt

Tante Lenes Haus

Haus von Niklas Hageldorn mit Kastanie

Haus von Peter Sönderup

Kliffweg mit Wallecke, den Markus mit Jumbo Tackert geht

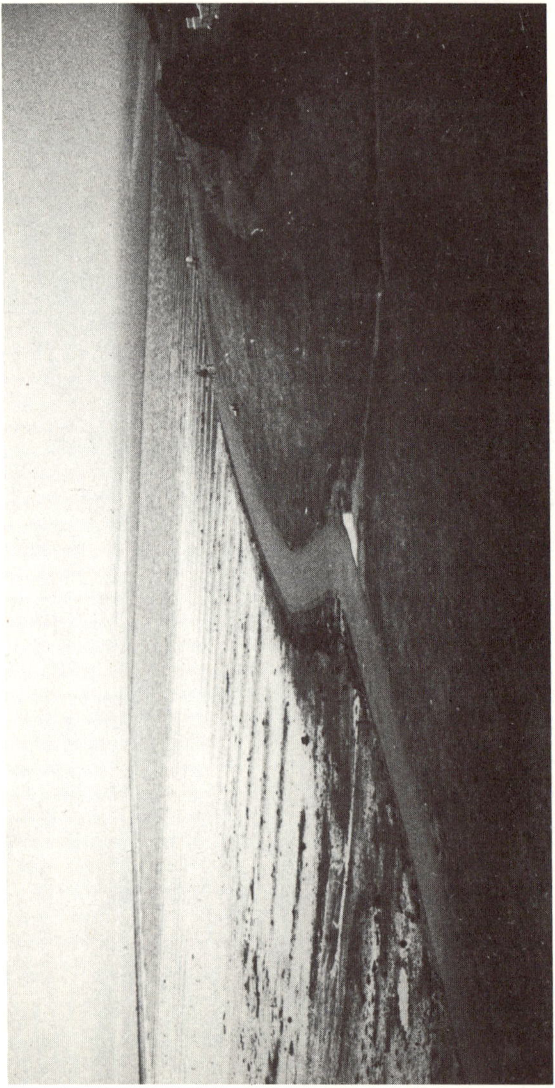

Weg am Watt, den Markus mit Theo Bank geht

Für die Klassenstufe 5–6 empfehlen wir außerdem folgende Lektüren:

Geschichten/Erzählungen

Das Krokodil am Marterpfahl
Jugendbuchautoren schreiben für euch (Originalbeiträge)
Klettbuch 26149

Für Kinder verboten
Phantastische und realistische Geschichten
Klettbuch 26081

Geschichten – nicht nur für Kinder
erz. v. Siegfried Lenz, Wolfdietrich Schnurre und Kurt Kusenberg
Klettbuch 26104

Geschwistergeschichten
Klettbuch 26181

Abenteuergeschichten
Klettbuch 26164

Märchen/Sagen

Hauff, Wilhelm: Das Wirtshaus im Spessart
Klettbuch 26131

Hauff, Wilhelm: Die Karawane (Auswahl)
Klettbuch 26159

Hauff, Wilhelm: Das kalte Herz
Klettbuch 26195

Märchenreise durch Europa
Klettbuch 26121

Irrfahrt im Labyrinth
Griechische Sagen
Klettbuch 261127

Blyton, Enid: 5 Freunde und das Burgverlies
Klettbuch 26061

David, Kurt: Antennenaugust
Klettbuch 26113
August ist ein aus dem Nest gefallener Bussard. Ein Junge zieht ihn auf, und das ganze Dorf nimmt Anteil an Augusts „tierischen“ Gewohnheiten.

Defoe, Daniel: Robinson Crusoe (gekürzt)
Klettbuch 26065

Donnelly, Elfie: Tine durch zwei geht nicht
Klettbuch 26161

Feustel, Günther: Ein Indio darf den Tag nicht verschlafen
Klettbuch 26123
Josés Geschichte vermittelt eindrucksvoll und in einer schlichten Sprache die soziale Situation von Kindern in den Ländern Lateinamerikas.

Häuptling Büffelkind Langspeer
Klettbuch 26066

Heyst, Ilse van: Alles für Karagöz
Klettbuch 26098

Holmås, Stig: Donnersohn
Klettbuch 26167

Kerr, Judith: Als Hitler das rosa Kaninchen stahl (gekürzt)
Klettbuch 26071

Kipling, Rudyard: Aus den Dschungelbüchern
Klettbuch 26129

Kleberger, Ilse: Jannis der Schwammtaucher
Klettbuch 26099

Lornsen, Dirk: Rokal der Steinzeitjäger
Klettbuch 26175

Tetzner, Lisa: Der Fußball
Klettbuch 26082
„Der Fußball“ enthält den 2. Teil des 1. Bandes der insgesamt neunbändigen Reihe „Die Kinder aus Nummer 67“.